喬木
書房

喬木
書房

負向激勵

：把缺點變為人生的轉捩點

Negative incentives

不要害怕缺點，因為缺點讓一個人的人生更真實、更貼近人性，
缺點是成功者人生的轉捩點，只要能樂在超越自我，
積極正面的善用缺點的負向激勵！

成功的人都完美無缺、從無缺點？錯！

是他們在承認、接受自己有缺點的事實後，
懂得隨時反省，自我砥勵，強化自我的競爭力！

劉開泰——著

目錄

第一章 成功者切忌的十三大缺點

什麼是葬送人生的缺點？貪婪放縱、自作聰明、驕傲自滿、沒有容人大度，不善於控制自己的情緒等等，都是葬送人生的缺點。只可惜，無論是歷史上，還是現實中，雖然這些缺點人盡皆知，但還是有人不斷地重蹈覆轍，給世人留下深切的嗟歎。

067 第二章 有點缺點更有自信

有缺點的人是真實的，是可親可感的，沒有缺點的「不沾鍋」，似乎只存在於神話中。因為，缺點無處不在，缺點人人都有。缺點是把雙刃劍，它既可以為人帶來痛苦，也能讓人產生動力。自嘲能彌補失落，內疚不完全是壞事，所以，缺點也有可取之處，有點缺點讓人更有自信。

第三章 當優點變成缺點 119

優點與缺點之間有條無形的線，當這條線在「度」的作用下，一旦被跨越時，優點也會變成缺點。無論是在人生中，還是事業上，千萬不要被名利迷昏了頭，小有滿足就浮躁。這樣，非但不能讓人進步，更會讓人從巔峰上重重摔下來。

第四章

缺點是洪水，缺點是猛獸，如果不加以預防與控制，那麼，一生的幸福與前程極有可能因此而斷送掉。然而，要想改進自己的缺點，就得勇於改正自己的錯誤，並將「永不放棄」放在心上，即知即行，才能化缺點為優點。

第一章

成功者切忌的十三大缺點

什麼是葬送人生的缺點？貪婪放縱、自作聰明、驕傲自滿、沒有容人大度，不善於控制自己的情緒等等，都是葬送人生的缺點。只可惜，無論是歷史上，還是現實中，雖然這些缺點人盡皆知，但還是有人不斷地重蹈覆轍，給世人留下深切的嗟歎。

自負相當於自暴自棄

「人外有人，天外有天」，誰也不是常勝將軍。自負者習慣沉浸於虛無的勝利幻想中，他們常常因為一次的成功就自我滿足。他們把別人給予他們的榮譽看作是理所當然的，他們不能靜下心來想一想自己都做了些什麼，都收穫了什麼。自負者總認為曾經的成功能長久，總認為別人一直會甘拜下風。所以，他們自視甚高、目中無人，更有甚者非但自己不思進取，還伺機嘲諷別人的努力，最終導致了正常心理的扭曲。

有一位哲學家說過：「一個人若種植信心，他會收穫品德。」而一個人若種下驕傲的種子，他必將收穫眾叛親離的果子，甚至帶來不可預知的危險。

自負是由過度的自我意識造成的。過度的自我意識會造成幻象，也常使人錯生優越感。從這種錯誤的心理出發，表現出自以為是、剛愎自用的傲慢態度。

一輩子總對自己不滿意，這是膽小怕事的表現；一輩子自滿自得，這是愚蠢的表現。過分的自我感覺良好實際上是一種無知，它雖能製造出一種自我麻醉的幸福感，讓人得一時之快，但實際上是自欺欺人。

大文豪王爾德曾說：「**人們把自己想得太偉大時，正足以顯示本身的渺小。**」而「人外有人，天外有天」，誰也不是常勝將軍。可見，自負的人是多麼地無知。

任何一個正常的人，都有「爭強好勝」的心理，然而好勝心並不是所謂的自負。好勝心可能向積極或消極方面發展，向積極方面發展才是真正的好勝心，具有此種品質的人，總是會千方百計地提升自己，以便超過他人。與此相反，向消極方面發展則是虛假的好勝心，具有這種缺點的人，只有所謂的好勝心，卻沒有實際的行動，不知「不積跬步，無以致千里」的道理。

歌德說：「誰不能主宰自己，誰就永遠是一個奴隸！」一個人只有不斷地超越自己的好勝心，才能成為自己命運的主人，成為穩操勝算的成功者。

驕傲是無知的表現

所有驕傲的人都認為自己有學識、有能力或有功勞；而謙遜的人卻總是認為自己還差得很遠。驕傲者也許真的有其驕傲的資本，而謙虛者真的差得很遠嗎？這是一個耐人尋味的問題。事實上，驕傲的真正原因並非飽學，而是因為無知。同樣，謙虛的真正原因也不是他差得很遠，恰恰相反，他的確不比別人差。謙虛與驕傲的原因在於一個人的整體修養如何，而不在於是否多讀了幾本書、多做了幾件事。

希臘古代大哲學家蘇格拉底的一則小故事，可以充分說明這個問題。

蘇格拉底是古希臘哲學家中最受人尊敬的一位。他不僅學識淵博，而且非常善於辨析，當時能夠提出的任何問題，只要到了他的手裏，沒有不迎刃而解的。但是他非常謙虛，從來不以權威自居，而是循循善誘，讓對方自己得出正確的結論。

由於博學而謙遜，蘇格拉底被公認為最聰明的人，但是蘇格拉底卻一點也不這樣認為。他說：「不可能！我唯一知道的事情是，我一無所知。」

眾人仍異口同聲地稱讚他是天下最聰明的人，並建議他到山上的神廟去占卜，看看天神的意見如何。於是蘇格拉底來到神廟去占卜，占卜的結果明白無誤：他確實是天下最聰明的人。面對神諭，蘇格拉底無話可說了，但是口裏仍然喃喃自語：「我唯一知道的事情是，我一無所知。」

可是總會有不少的人認為自己是天下第一，這樣的人，哪有不栽跟斗的。

楚、漢相爭時，項羽勇將龍且奉命率領大軍，日夜兼程向東進入齊地，救援齊王田廣。

韓信正要向高密進軍，聽說龍且兵到，召見曹、灌二將，囑咐他們：「龍且是項羽手下有名的猛將，只可智取，不可跟他硬拚，我們只能用計擒住他。」於是，命令部隊後撤三里，選擇險要的高地安營紮寨，按兵不動。

楚將龍且，以為韓信怯戰，想渡河發起攻擊。屬下官吏向他建議：「齊王田廣數萬部隊已經吃了敗仗，又都是本地人，顧慮家室，容易逃散；他們潰逃，我們也支持不住。韓信來勢很凶，恐怕擋不住。最好是按兵不動，暫不與他正面交鋒。漢兵千里而來，無糧可食，無城可守，拖他們一、二個月，就可不攻自破了。」

龍且性高氣傲，目空一切，他連連搖頭說：「韓信不過是一個市井小兒，有什麼本領？聽說他少年時要過飯，鑽過人家的褲襠。這種無用之人，怕他什麼！」

副將周蘭，上前進諫說：「將軍不可輕視韓信。那韓信輔佐漢王平定三秦，平趙降燕，今又破齊，足智多謀，還望將軍三思而行。」

龍且把手一擺，笑著說：「韓信遇到的對手，統統不堪一擊，所以僥倖成功。現在他碰上我，他才曉得刀是鐵打的，我管叫他腦袋搬家！」

當下龍且派人，渡水投遞戰書。

為準備決戰，韓信命軍士火速趕製一萬多條布口袋。黃昏時分，韓信召部將傅寬，授予密計：「你帶兵各自帶上布口袋，偷偷到濰水上游，就地取泥沙裝進口袋裏，選擇河面淺窄的地方堆上沙口袋，阻擋流水。等明天交戰時，楚軍渡河，我軍發出號炮，豎起紅旗，即命兵士撈起沙口袋，放下流水。」

韓信命眾將當夜靜養，明日見紅旗豎起，立即全力出擊。第二天，他又命曹參、灌嬰兩軍留守西岸，自己率兵渡到東岸，大聲挑戰說：「龍且快來送死！」

龍且本是火炮性子，他躍馬出營，怒氣沖沖，舉刀直奔韓信，韓信急忙退進陣中，眾將出陣抵擋。韓信拍馬就走，眾將也忙退兵，向濰水奔回。

龍且哈哈大笑，說道：「我早說過韓信是個軟腳蝦，不堪一擊嘛！」說著，龍且領頭追去，周蘭等隨後緊跟，追近濰水，那漢兵卻渡過河西去了。

龍且正追趕得起勁，哪管水勢深淺，也就躍馬西渡。周蘭看見河水忽然淺了，有些懷疑，急追上去，想勸住龍且。楚軍二、三千人剛剛渡到河中，猛然一聲炮響，河水忽然上漲，高了好幾尺，接著便洶湧澎湃，如同滾筒席捲一般。河裏的楚兵，站立不穩，被洶湧的大浪捲走，不久便是滿河浮屍。

這時漢軍陣中紅旗豎起，曹參、灌嬰從兩旁殺來，韓信率眾將殺回來。不管龍且如何驍勇，周蘭如何精算，也衝不出漢軍的天羅地網。結果是龍且被斬，周蘭被擒，二、三千楚兵統統當了俘虜。

聽龍且對韓信的評價，可見他並不真正瞭解對方。所聽到的事情，無非出身低微，忍胯下之辱等閒言。以此為據而戰兵於韓信，豈有不敗之理？

列夫．托爾斯泰曾經有一個巧妙的比喻，用來說明驕傲的原因。他說：一個人對自己的評價像分母，他的實際才能像分數值，自我評價越高，實際能力就越低。

貪婪能喪失本性

古語說：「人為財死，鳥為食亡。」貪得無厭的人往往沒有好下場。貪慾永遠無邊，所以放縱貪慾，就會招來無邊的災害。聰明的人，常常克制對金錢的慾望，而愚蠢的人卻放縱這樣的慾望。

晉代鄧攸，元帝時做吳郡太守，自己帶著糧食去上任，不要公家的錢，只是喝吳郡的水。在位時，政治清明，老百姓都很高興碰到一位最好的官員。後來因為有病，就離開了職位，臨走時全郡的人都來送他，但他一個錢都不要，老百姓牽著他的船不讓他走，只好趁夜色跑了。吳郡人為此編了一首歌：「紞繩打五鼓，雞叫天要亮。鄧侯拉不住，謝令推不動。」

後魏人李崇，當文帝時初為荊州刺史，又授安東將軍。李崇當官，和氣溫厚，善於決斷，但是他很貪財，作買賣聚斂財產。

當時孝明帝和靈太后視察左藏庫，叫臣下盡自己的力氣背布，背多少就賞賜多少。李崇和另一個叫元融背得太多，都摔倒了。李崇閃了腰，元融斷了腿。

如果你是窮人，你會缺很多東西，但是，如果你是貪婪者，卻什麼都缺！

貧窮的人只要一點東西，就可以感到滿足，貪婪的人即使已經有很多東西也還不滿足。所以貪婪的人總是不知足，他們天天生活在不滿足的痛苦中，貪婪者想得到一切，但最終兩手空空。

有一則寓言：上帝在創造蜈蚣時，並沒有為牠造腳，但是牠們可爬得和蛇一樣快速。

有一天，牠看到羚羊、梅花鹿和其他有腳的動物都跑得比牠還快，心裏很不高興，便嫉妒地說：「哼！腳越多，當然跑得越快！」

於是，牠向上帝禱告說：「上帝啊！我希望擁有比其他動物更多的腳。」上帝答應了蜈蚣的要求。牠把好多好多的腳放在蜈蚣面前，任憑牠自由取用。

蜈蚣迫不及待地拿起這些腳，一隻一隻地往身上貼去，從頭一直貼到尾，直到再也沒有地方可貼了，牠才依依不捨地停止。

牠心滿意足地看看滿身是腳的自己，心中暗暗竊喜：「現在，我可以像箭一樣地飛出去了！」

但是，等牠一開始要跑步時，才發覺自己完全無法控制這些腳。這些腳劈哩啪啦地各走各的，牠非得全神貫注，才能使一大堆腳不至於互相絆跌而順利地往前走。這樣一來，牠走得比以前更慢了。

在很多事情上，做到什麼樣的程度由我們自己控制。成功的人往往適可而止，而失敗的人不是做得少就是做得太多。要記住，多並不一定帶來快樂，太多就一定會招來麻煩。

有一則小故事，給人很大的啟發。有座山，山裏有一個神奇的山洞，裏面的寶藏足以使人終生享用不盡。但是這個山洞一百年才開一次。

有一個浪人無意中經過那座山，正巧碰到百年難得一次的洞門大開，他興奮地進入洞內，發現裏面有一大堆的金銀珠寶，他快速地將這些財寶裝入所有的袋子中，由於洞門隨時會關上，他必須動作很快。

當他得意洋洋地裝滿了數大袋珠寶後，神色愉快地走出洞口，出來後發現帽子忘在了裏面，他又衝入洞中，可惜時刻到了，他和山洞一起消失得無影無蹤。

當地的村民等了很久，沒有看到他的蹤影，於是便將所有的珠寶都變賣了，大家分享了這個浪人留下的財富。

人生之中，多少會遇到一些陷阱，而這些陷阱之中，最為可怕的一種是自己挖掘的。因為貪心，忽略了自己的缺點，不顧一切去滿足自己的慾望。這時，即使危險擺在面前，也無法去理會、去避讓，貪心遮住了眼睛，使人無法看到危險所在。

大意是失敗之源

歷史上永遠不缺乏因大意和剛愎自用導致失敗的事例。西元二一九年七月，吳將呂蒙來見孫權，建議趁關羽和曹操作戰圍樊城的時候，偷襲荊州。這建議正合孫權之意，立刻對呂蒙委以重任。

可是，呂蒙發現鎮守荊州的蜀將關羽警惕性很高，荊州軍馬整齊，沿江又有烽火台警戒，互透軍情，很難正面攻破。正在苦思偷襲之計，陸遜來訪，教給呂蒙一條詐病之計。

陸遜說：「關羽自恃是英雄，無人可敵，唯一懼怕的就是將軍你了。將軍乘此機會可假裝有病，解去軍職，把陸口的軍事任務讓給別人，又使接你職務的人大讚關羽英武，使關羽驕傲輕敵。這樣，關羽就會把防守荊州的兵調去攻打樊城。假如荊州沒有防備，將軍只需用一旅的軍隊，出奇制勝偷襲荊州，便可以重新掌握荊州了。」

後來，呂蒙果然請了病假，回到建業休息，並推薦陸遜代他守陸口。關羽得到消息知道呂蒙病重，已調離陸口，新來的陸遜名不見經傳，遂有輕敵之心。他還收到了陸遜送來的禮物，附上一封措詞謙卑的信函。

信中說：「您在樊城一役中，把曹將于禁俘虜過來，水淹七軍，遠近讚歎，都說將軍的功勞足以流芳百世。雖是晉文公大勝楚軍的英勇，韓信打敗趙兵的謀略，也不及您老人家……這次曹操失敗了，我們聽到也很高興。但是，曹操很狡猾，不會甘心失敗，恐怕會增調援兵，以求一逞野心。雖說曹軍師老，還是很強悍的。況且戰勝之後，一般都會出現輕敵的觀念。所以古人用兵，勝利之後就應更加警覺。希望將軍您多方面考慮計劃，以獲全勝。我只是一介書生，沒有能力擔任現職，幸好有您老人家這樣強大的鄰居，願意把想到的貢獻給將軍做參考，希望將軍能多加指教！」

關羽看了這信，仰面大笑，命左右收了禮物，打發使者回去。他覺得這個年輕書生人不錯，用不著防範，於是，他下命令把原來防備東吳的軍隊陸續調往樊城前線。

就在這個時候，曹操聽司馬懿之計派使來到吳國，要孫權夾擊關羽。孫權早已決定要襲取荊州，所以馬上回信，表示同意。這樣，原來的孫、劉聯盟抗曹，一下子變成了曹、孫聯盟破劉，形勢急轉直下。孫權拜呂蒙為大都督，總制江東各路兵馬，襲擊關羽的後方。

呂蒙到了潯陽，命令士兵們穿了白色的衣服假扮作商人，藉故潛入烽火台，攻取了荊州。

事情到了這個地步，關羽才知道自己對東吳的防備太大意。為了重振軍威，他帶著日益減少的人馬準備南下收復江陵。但是，在呂蒙、陸遜的分化瓦解下，他只能步步敗退，最後只有困守麥城。在小城既得不到西川的消息，又盼不來援兵，他只好帶一部分士兵偷偷地從城北小路逃往西川。但他哪裡知道，呂蒙早已派兵埋伏在那裡了，一陣鼓響，伏兵四出，關羽被生擒活捉。同年十二月，關羽被斬首，荊州各郡縣皆歸東吳。

關羽之死，可謂千古悲歌。其人堪稱「武聖」，一生忠義，幾近完人。只因為一個「傲」字，不得善終。雖然令人感歎，更為後人敲響了警鐘。像關羽這樣的英雄，尚且大意不得，其他人哪裡還有大意的理由。

自滿是無形的蛀蟲

有人曾經成功，卻在後來走上「過氣」的路。他不是沒有機會，問題就在於他已滿足於現狀了。而自滿正是無形的蛀蟲，它讓人停頓，無法超越過去，更無法擁有未來的輝煌。

世界上最困難的事情，莫過於去幫助那些缺乏進取心、容易滿足、安於現狀的人。他們天性中就缺乏較高的自我要求以鼓勵自己前進，他們沒有足夠的進取心去開創事業，更沒有足夠的忍耐力去完成艱苦的工作。

進取心的第一大敵人是自滿。舒適的誘惑和對困難的恐懼會征服許多人，有些人因為進取心不夠堅韌，所以通常難以戰勝自滿這個大敵，也就不能引導自己去追尋更美好的事物。

有一位薪水很高的專業經理人，當人們問他成功的秘訣是什麼時，他回答說：「我還沒有成功呢！我前面總有更高的目標。」由此可見，那些成功之人絕不會滿足現狀，而會要求不斷地做得更好。如果信守這個觀念持久不懈地改善，那麼就可保證一生不但會不停地成長，而且最終一定會成功。

在一次年終總結會上，克里蒙特．布魯斯告誡他的員工說：只有小人物才會認為自己是成功者，而真正偉大的人物從不認為他們達到了自己的目標。因為在自己取得更大的進步之後，他們的標準也會越定越高。隨著自己眼界的開闊，他們的進取心也會逐漸增長。如果在一個平庸的職位上得到了一筆不少的薪水，就從此缺乏向更高位置努力的動力，那是非常危險的，因為進取心從此就開始逐漸消退了。

對於一些人來說，生活中最悲慘的情形莫過於：自己本來雄心勃勃地滿懷希望出發，卻在半路上停了下來。他們滿足於現有的溫飽和生存狀態，漫無目的地虛度餘生。如果我們放棄下一步的努力，進取心消磨了，那麼我們就會失去力量，那種懈怠和厭倦的感覺就會左右我們，使我們一蹶不振。

如果一個人十分滿足於在平凡的生活中隨波逐流，安於已經取得的成就，對大部分未被利用的潛力無動於衷，沒有足夠的進取心，他就不會付出努力，不會展示自己，也就不會創造出什麼成果。而只有不安於現狀、追求完美、精益求精的人，才會成為最終的勝利者。他會努力朝著理想的目標前進，將可能變為現實。

正如克里蒙特．布魯斯所說，滿足於眼前成就的人會停滯不前，而進步者卻總是感到不滿足。因為追求進步，他做任何事情就好像永沒有盡頭。一個不斷追求完善的人將總是無法滿足於已有的成就，而不斷去追尋更偉大、更完善、更充實的東西。

最初所取得的成功，尤其是早期的成功，對許多人來說就像鴉片，會麻痺他們的心靈，而只有不滿足和恒久的進取心才會消除這種不良情緒。但是，與獲得最初的成功相比，一直迫使自己去做好本分的工作，往往需要非凡的勇氣和堅強的意志。

藐視別人會葬送自己

生活中，一個無法迴避的事實是，每一個人的能耐總是十分有限，沒有一個人樣樣精通，所以，人人都可在某些方面成為我們的老師。當自以為擁有一些才藝時，你要記住，你還十分欠缺，而且會永遠欠缺。不然，失敗就離你不遠了。

從前，有一位博士搭船過江。在船上，他和船夫閒談。他問船夫說：「你懂文學嗎？」船夫回答說：「不懂。」博士又問：「那麼歷史學、動物學、植物學呢？」船夫仍然搖搖頭。博士嘲諷地說：「你樣樣都不懂，十足是個飯桶。」

不久，天色忽變，風浪大作，船即將翻覆，博士嚇得面如土色。船夫就問他：「你會游泳嗎？」博士回答說：「不會，我樣樣都懂，就是不懂游泳。」

說完沒多久船就翻了，博士大呼救命。船夫一把將他抓住，救上岸，笑著對他說：「你所懂的，我都不懂，你說我是飯桶；但你樣樣都懂，就不懂游泳，要不是我這個飯桶，恐怕你早已變成水桶了。」

每個人總是把自己看得很重要，但事實上，少了他，事情往往可以做得一樣好。所以，自大歷來就是成事不足敗事有餘。要切記這樣一個道理：自大是失敗的前兆。

有一個剛完成的風箏，它的主人把它帶到郊外，讓它冉冉上升，升到很高的天空。

看著一望無際的天空，風箏心裏十分興奮。可是突然它發覺不能再往上升了，低頭一看，原來是主人不再放手裏的線。

風箏很生氣，心裏想：「為什麼要這樣抓住我？如果你再放鬆些，我可以飛得更高！」

於是，它掙扎著想往上再飛，當它在空中激烈地抖動時，由於用力過度，突然線斷了，風箏在高空中搖搖擺擺，翻了一個大筋斗後就往地面墜落。這時，吹來一陣強風，風箏被吹到一棵大樹上，此時已破得不成形了。

自大往往不是空穴來風，自大的人總有一些突出的地方。這些突出的專長，使他們較之別人有一種優越感。這種優越感到達一定程度，便使人目空一切，不知天高地厚。

一隻烏龜常常羨慕老鷹可以在天空自由翱翔，於是，牠要求老鷹帶牠一起飛上天。老鷹答應了牠。

於是，老鷹要烏龜用嘴緊緊地咬住牠的腳，而且不可以開口說話。當牠們飛到天空的時候，引起地上許多動物嘖嘖稱奇，不但有羨慕的眼光，更有讚美的聲音，烏龜聽了很內心得意。

此時，牠聽見有人問：「是誰這麼聰明，想出這個好方法？」

此時，烏龜心花怒放，完全忘了老鷹的交代，牠迫不急待要告訴別人這是牠想到的方法，剛要開口，便從空中摔了下來。

曾國藩和左宗棠都是清朝的大臣，朝野一般多以「曾左」並稱他們兩人。曾國藩年長於左宗棠，並且對左宗棠也予以提拔，但左宗棠為人頗為自大，從沒有把曾國藩放在眼裏。

有一次，他很不滿地問其身旁的侍從：「為何人們都稱『曾左』，而不稱『左曾』？」

一位侍從回答：「曾公眼中常有左公，而左公眼中則無曾公。」這句話讓左宗棠沉思良久。

聰明的人知道自己愚笨，而愚笨的人總以為自己聰明。可以說，愚蠢和傲慢是一棵樹上的兩個果。聰明人能自己從樹上摘掉這兩個惡果。

左宗棠喜歡下棋，而且棋藝高超，少有敵手。有一次，他微服出巡，在街上看到一個老人擺棋陣，並且在招牌上寫著「天下第一棋手」。左宗棠覺得老人太過狂妄，立刻前去挑戰。沒有想到老人不堪一擊，連連敗北。左宗棠洋洋得意，命他把那塊招牌拆了，不要再丟人了。

當左宗棠新疆平亂回來，見老人居然還把牌子懸掛在那裡，他很不高興，又跑去和老人下棋，但是這次竟然三戰三敗，被打得落花流水。第二天再去，仍然慘遭敗北，他很驚訝老人為何在這麼短的時間內，棋藝能進步如此地快？

老人笑著回答：「你雖然微服出巡，但我一看就知道你是左公，而且即將出征，所以讓你贏，好讓你有信心立大功。如今已凱旋歸來，我就不敢客氣了。」

左宗棠聽了心服口服。

左宗棠曾有自大的缺點，但他知錯能改，成為謙謙君子。一個人不知道並不可怕——人不可能什麼都知道，但可怕的是不知道而假裝知道。這樣的人就永遠不會進步，就像老愛欣賞自己腳印的人，只會在原地上繞圈子。

用空喊代替實幹

言出必行，不說空談，是一個人品德修養的重要內容。一個人如果能夠說到做到，就會顯現出人格魅力。而現實生活中有一些人，總喜歡用漂亮的語言裝飾自己的門面，結果人們對他的尊重和信任隨著其空話而流失了。

少說漂亮話，多做實際事，應該是我們恪守的生活準則。一個人如果整天空話連篇，不做正當的事，那將一事無成。因為空喊代替不了實幹，行動才是最漂亮的語言。試想，我們站在車床前誇誇其談，車床不會自動車出鉚釘；如果採煤工人不深入井下操作，那麼「黑金」也不會自己冒出來。所以說，實事求是是成功的第一品質。伊朗有句諺語說得好：「如果空喊能造出一所房子，驢子也能修一條街了。」這對那些大嗓門不做事的人是個辛辣的諷刺。

《論語・里仁》中講：「君子訥於言而敏於行。」就是說，君子說出的話要馬上去行動、去落實，也就是我們平時所講的「說得到，做得到」的意思。人們對那種「光打雷不下雨」的人，只會投以輕視的眼光。

通向勝利之路要務實，而不要坐而論道。著名科學家愛因斯坦和一位愛講空話的青年有一段有趣而又深刻的談話。那位愛說空話、不肯用功的青年，整天纏著愛因斯坦，要他說出什麼是成功的「秘訣」。愛因斯坦給他寫下了這樣一個公式：A＝X＋Y＋Z。愛因斯坦解釋說：「A代表成功，X代表艱苦勞動，Y代表正確的方法……」

「Z代表什麼呢？」那位青年人急不可待地問。

「閉上你的嘴，少說空話！」愛因斯坦回答說。

講空話常帶來麻煩，甚至招來災禍。愛說空話的人，當他的話不能兌現的時候，為了維護自己的「尊嚴」，便會編出一些謊話來搪塞。所以說，空話和假話是一根藤上結出的兩個惡果。

古時候常常用「一諾千金」來比喻人說話的可靠程度，也就是說，在朋友交往過程中，絕不要輕許諾言。如果明知自己做到有困難就不要答應；如果答應了，就要竭力去做，力求兌現。否則，會使朋友在失望中漸漸地離你遠去，自己的威信也會掃地。

不說空話，還需要有自知之明。一個人如缺乏自知之明，就可能成為一個高談闊論、不知深淺的愚人。這樣的人常常會使自己陷入失敗的泥潭。古代有一則「紙上談兵」的故事，說的是春秋戰國時，趙國名將趙奢的兒子趙括，他小的時候因為學習兵法，所以談起用兵的道理，口若懸河，頭頭是道，自以為天下無敵，連他父親也不放在眼裏。趙奢死後，秦國攻打趙國，趙王要讓趙括為大將。藺相如說：「趙括只懂得讀父親的兵書，不會臨陣應變，不能派他做大將。」趙括的母親也請求不要派她兒子去打仗。她說：「他父親臨終時再三囑咐：『趙括把用兵打仗看做兒戲，談起兵法來就眼空四海，目中無人。將來大王不用他還好，如果用他為大將的話，只怕趙國會斷送在他手裏。』所以我請求大王千萬別讓他當大將。」可是趙王沒有聽藺相如和趙括母親的話。趙括以為自己讀了許多兵書，便胸有成竹帶領四十萬大軍與秦王交戰，最後不僅自己中箭身亡，還使全軍覆沒。歷史上不僅有空談誤國殃民的教訓，也有實事求是利國利民的榜樣。清代有一個叫做康甄的人，曾出任山西長子縣知縣，他恪守「以實則治」的原則，提倡百姓種桑養蠶，並派農技人員幫助百姓。沒發一份通告政令，僅一個月時間，百姓種桑八十萬株。他感到「身勞而信，乃能有成」。他認為官員們不能僅拘泥於公文法令的措詞造句上，要親自參加實踐活動，以身作則，才能辦成一件事，工作才能獲得成績。

一個有修養的人不說空話，而是少說多做，要像火柴那樣—火柴一發言，就給人們帶來光和熱。「丟去玄言，專崇實際。」朱自清這八個字可說是對我們最好的告誡。

不善於控制自己的情緒

要在社會中安身立命，如果太輕易暴露自己的情感則容易受到傷害，人應該學會保護自己，不同的人有不同對人對事的態度，掌握一定權力的人，把自己的喜怒經常流露給下屬，下屬則會投其所好，而掩蓋事物真正的本質。一般人過於直率地表露自己的情感，則顯得為人膚淺，也容易得罪於人。所以要忍耐住自己的情緒，不要暴露自己太多的情緒出來。

西漢時的竇嬰，是孝文帝皇后哥哥的兒子。漢武帝建元二年，他被封為魏其侯，他喜歡蓄養賓客，天下的遊士都歸奔他。當時，桃侯劉舍被免去宰相的職務，太后多次向皇上說竇嬰：「魏其侯喜歡沾沾自喜，行為不定，很難擔當起宰相的責任。」於是最終沒任宰相。

晉朝的謝安，孝武帝時任尚書和太保。大元八年，後秦的苻堅入侵晉國，謝安派他的侄子謝玄去退敵，在淝水把秦軍給打敗了。捷報傳來，謝安依然神情自若地和客人下圍棋。客人走後，謝安走進屋裏，過門檻時，卻因高興過度，把木鞋齒都折斷了。

喜怒都是人類的情感，當人受到不公正的待遇時，怒自然而然產生了，發怒不僅會在為人和事的過程中。一個易發怒的人也難於和他人合作。歷史上也有不少因怒而給自己或他人造成巨大損失的例子，當然任何事物有利則有害，有弊也有益，怒有害於身心健康，有害於友情，有害於事業。

東漢光武帝建武五年，王霸和捕虜將軍馬武率兵攻打駐守在垂惠的豪強周建，蘇茂則率幾千人增援周建，另外派精良的部隊去堵馬武的糧隊。馬武只好前去救糧，周建則出城與蘇茂聯手夾擊他，馬武自恃有王霸的救援，作戰不精心也不賣力，結果戰敗。馬武的士兵跑到王霸那裡去求援，王霸卻說：「現在敵軍士氣高漲，我要出兵，還不是和你們一樣慘敗？你們回去憑自己的力量去死命抗戰吧。」王霸閉門困守，就是不派援兵，這一下可激怒了馬武和他的隊伍，他們嚴加修整，準備再戰。而王霸的將士們不願讓馬武的部隊孤軍奮戰，紛紛向王霸請戰，王霸則自有其道理：「蘇茂部隊兵精將良，作戰英勇，我軍將士對此都有恐懼之感，而馬武的戰軍相互依賴，互相指望，不能一心一意奮勇作戰，必敗無疑，現在我軍拒而不援，馬武因為沒有援軍，反而增加了戰鬥的勇氣，我們再共同作戰，才能勝利。」王霸激怒了馬武，也才使他們贏得了勝利。

只要善於引導，怒也是助人成功的一計，所以對怒我們也要具體分析才行。

身居高位的人，凡事不能容忍，動輒發怒，那麼就會遺禍於下面的人；如果在下位的人，不顧禮義，卻逞經發怒，一定會冒犯上位的人。只要有一方不知抑怒，而輕易發作的話，後果都是害更多的人。

唐太宗貞觀二年，河南有個叫李好德的人有精神病，常亂講一些妖言，皇上下令大理丞相張蘊古去察訪此事。張蘊古察訪後上奏摺說李好德確實有病，而且有檢驗結果，不應當抓起來。治書權萬紀上書彈刻張蘊古，因為他是相州人，而李好德的哥哥李厚德是相州刺史，所以說是張蘊古討好順從他，考察之情也不會是實事求是。皇上很生氣，在街上把張蘊古殺了，後來此事被魏徵識破，皇上暗地裏很後悔。

由於自己一時怒氣，不詳細核實，不作認真細緻的調查，就草菅人命，唐太宗也過於輕率了。這是不忍怒氣的後果，人一發怒，出於一時的激憤，做事就有可能過火，等到知道了問題嚴重性，為時已晚。就在同一年裏，又有一次，唐太宗又因為瀛州刺史盧祖尚文武雙全，廉直公正，徵召他進朝廷，告訴他：「交趾久久沒有得到適當的人去管理，現在需要你去鎮撫。」盧祖尚行禮感謝後出來，不久就感到後悔，於是他託病推辭。皇上派杜如晦等人宣讀詔書，盧祖尚堅決推辭，皇上非常生氣說：「我派人都派不出去，還怎麼能處理政務？」下令在朝廷上把他殺了，但很快又感到後悔。魏徵對他說：「齊文宣帝要任青州長史姚愷任光州刺吏，姚愷不肯去。文宣帝氣憤地責備他，他回答說，『我先任太州的官職，只有功績並沒有犯罪，現在卻讓我提任小州的官職，所以我不願意去。』文宣帝就饒了他的死罪。」唐太宗說：「盧祖尚雖然有失臣子的禮義，我殺了他也太過分，由此看來，我還不如文宣帝呢。」馬上命令追復盧祖尚蔭庇子孫任官的權利。

唐太宗認識到了自己做事因怒不忍，過於急躁，連殺了兩位臣子，悔恨之意溢於言表。儘管他知錯能改，但畢竟事情還是無法補救的，出於怒能造成嚴重的危害，所以古今中外許多人都下功夫去研究制怒的辦法。很多人發現制怒唯一良方是忍。在一般的情況下，人們應該抑制憤怒情緒的發作，以利自身健康，以利團結他人，以利相安和諧，以利國家社會安定，以利事業發展。在極特殊的情況下，也完全可以以怒為計；震懾敵人，激怒敵人，以便戰勝敵人。

缺乏容人之量

沒有容人之量的人往往有很強的排斥心理，拒人於千里之外，就如同眼裏容不得半點沙子。他們習慣於獨來獨往，保持一種孤傲的態勢。生活之中，這種人事業小成是沒有問題的，但想要闖出一番鴻圖偉業，卻無異於癡人說夢。

春秋末期，韓、趙、魏三家分晉。其中魏國勢力最為強大，魏惠王野心勃勃，意圖稱霸天下，於是四處招賢納士，收攏人才。

龐涓和孫臏同為當世高人鬼谷子的學生，兩人在鬼谷子的指導之下，文韜武略無所不習，成為當時的奇才。但龐涓為人心浮氣躁，在學藝未得大成之時，便急欲立功揚名，於是便下山投奔魏國。在魏國，龐涓深得魏惠王信任，授封為大將軍。

他將學得的本領來訓練兵馬，在與宋、魯、齊等國的交戰中，屢戰屢勝，備受魏國朝野尊重。

不久，孫臏也學成下山。他德才兼備，智謀非凡，是個百世難遇的奇才。下山之初，因為沒有根基，所以孫臏也前往魏國。魏惠王得到消息，便徵詢龐涓的意見。龐涓心知自身遜孫臏一籌，便說：「孫臏是齊國人，我們如今正與齊國為敵，他若來了，恐怕有所不妥。」魏王說：「如此說來，外國人就不能用了？」龐涓無奈，只得同意讓孫臏前來。

孫臏來到魏國，一談之下，魏王就知道孫臏更有將帥之才。就想拜他為副軍師，協助龐涓行事。龐涓聽了忙說：「孫臏是我的兄長，才能又比我強，豈可在我的手下？不如先讓他做個客卿，等他立了功，我再讓位於他。」實際上，這是個計謀。龐涓是為了不讓孫臏與之爭權，然後再伺機陷害。而孫臏還以為龐涓一片真心，對他十分感激。

龐涓原以為孫臏一家人都在齊國，因而不會在魏國久留，便試探著問他：「你怎麼不把家裏人接來同住呢？」孫臏說：「家裏人非亡即散，哪裡還能接來呢？」龐涓一聽，頓時一驚。如果孫臏真在魏國待下去，自己的地位可真是岌岌可危了。

事後，一個齊國人捎來了孫臏的家書，大意是讓他回去。孫臏回了一封信，言稱自己已在魏國做了客卿，不能隨便走。湊巧的是孫臏的回信竟被魏國人搜出來，呈給了魏王。魏王便問龐涓如何處置此事。龐涓一見機會來了，應答道：「孫臏是大有才能之人，如果回到齊國，對魏國十分不利。我先去勸勸，如果他願意留下，那就罷了，如果不願意，那就交由我來處理。」魏王點頭答應。

龐涓當然沒有勸孫臏，而是對他說：「聽說你收到一封家信，怎麼不回去看看呢？」孫臏說：「只怕不妥。」龐涓大獻殷勤，勸孫臏可放心探親，孫臏頗為感動。第二天，便向魏王告假。

魏王一聽孫臏要回鄉，便稱他私通齊國，命龐涓審問。龐涓故作驚訝，先放了孫臏，又偽裝向魏王求情。爾後，又神色慌張向孫臏解釋，他費了九牛二虎之力才保住了孫臏性命，但黥刑和臏刑卻不能免除。於是，孫臏臉上刺字，膝蓋被剔，終身殘廢。

後來，龐涓陰謀為人揭破，孫臏佯瘋逃出魔掌，兩人相對成仇。在馬陵之戰中，龐涓以前所犯罪孽，終得報應：身敗名裂，客死他鄉。

心胸狹窄者，鼠肚雞腸，經常注意的是誰比他稱頭，誰比他受主管賞識，特別是在名利分配上，誰比他多得好處了。一旦發現了這樣的人，他就會頓生妒火，於是乎心煩意亂，抓耳撓腮，吃睡不寧。嫉妒者的態度往往是這樣的：你居我之下，一好百好；超我而上，誰都不好；你有了名聲，我臉上無光。如此這般想來，便有一種萬箭攢心之感，非把人家擊倒，方消心頭之恨。

沒有信用就沒有成功

孔子說：「人無信不立。」信用是個人的品牌，是個人的無形資產。然而現實生活中，人材的信任危機，商業的信用危機，造成人與人之間，人與社會之間，企業與企業之間的相互防備與猜疑。

我們常說的「君子一言駟馬難追」，講的就是人的信用。一個沒有信用的人，是為人所不齒的。現在的生意場上，公司、企業做廣告做宣傳，樹立公司、企業在公眾中的形象，就是想提高公司、企業的信用度。信用度高了，人們才會相信，和你有來往，和你做生意。

《莊子・齊物論》載，有個養猴子的人對猴子說：「我早上給你們三個栗子，晚上給四個。」猴子聽了一個個呲牙咧嘴，嗷嗷亂叫。養猴人轉動小腦瓜，馬上欺騙猴子們說：「好了，別生氣了。我早上給你們四個栗子，晚上給三個。」猴子就高興起來了。

猴子的高興只是暫時受到了蒙蔽。天長日久，聰明的猴子自然會知道養猴人的狡詐和卑鄙，從此不再相信他，而且仇恨他，那時候，養猴人可就要自認倒楣了。

狡詐，最終必然失信於人。失信於人，品行不端，是一種只顧眼前不顧將來，只顧短暫不顧長遠的愚蠢行為，終將一事無成。

失信於人，大丈夫不為，智者不為。

恪守信用吧！那樣，才能被人家所信賴。

欲速則不達

做事戒急躁，人一急躁則必然心浮，心浮就無法深入到事物的內部中去仔細研究和探討事物發展的規律，無法認清事物的本質。氣躁心浮，辦事不牢，差錯自然會多。

《鬱離子》中記錄了這樣一個故事，在晉鄭之間的地方，有一個性情十分暴躁的人。他射靶子，射不中靶心，就把靶子的中心搗碎；下圍棋敗了就把棋子敲碎。人們勸告他說：「這不是靶心和棋子的過錯，你為什麼不認真地想一想，問題到底在哪裡呢？」他聽不進去，最後因脾氣急躁得病而亡。

容易急躁，氣浮心盛的例子還不只這一個。不少人辦事都想一揮而就，一蹴而成，應該知道，做什麼事都是有一定律，有一定步驟的，如果這山望著那山高，則很可能導致欲速則不達。

戰國時期魏國人西門豹，性情非常急躁，他常常紮一條柔軟的皮帶來告誡自己。魏文侯時，他做了鄴縣令。他時時刻刻提醒自己，要自己克服暴躁的脾氣，要忍躁求穩、求安、求靜，才在鄴縣做出了成績。

唐朝人皇甫嵩，字持正，是一個出了名的脾氣急躁的人。有一天，他命兒子抄詩，兒子抄錯了一個字，他就邊罵、邊喊、邊叫人拿棍子來要打兒子。棍還沒送來，他就急不可待地狠咬兒子胳膊，以至咬出了血。如此急躁的人，怎能寬容別人？這樣教育後代，能教育得好才怪！後來他也意識到這樣急躁，氣性過大，對人對己都沒有好處，便開始學習忍耐。

相反，遇事不急不躁，反而能有條不紊，東漢時劉寬，字文饒，華陰人，就是這樣。漢桓帝時，他由一個小小的內史遷升為東海太守，後來又升為太尉。他性情柔和，能寬容他人。夫人想試試他的忍性，有一次正趕著要上朝，時間很緊，劉寬衣服已經穿好，夫人讓丫環端著肉湯給他，故意把肉湯打翻，弄髒了劉寬衣服。丫環趕緊收拾盤子，劉寬表情一點不變，還慢慢地問：「燙傷了妳的手沒有？」他的性格氣度就是這樣。其實湯已經都灑在了身上，時間也確實很緊張，即便是把失手灑湯的人罵一頓，打一頓，時間也是無法倒流，急又有什麼用處呢？倒不如像劉寬那樣，以自己的寬容雅量，從容對事，再換件朝服，更為實際和有用。

擁有這種氣度的還有明朝的趙豫。宣德和正統時期，趙豫任松江知府。他對老百姓的問題問暖，關懷備至，深得松江老百姓的愛戴。

趙豫處理日常事務，有他自己的一套工作方式。每次他見到來打官司的，如果不是很急的事，他總是慢條斯理地說：「各位消消氣，明日再來吧。」起先，大家對他的這套工作方法不以為然，甚至還暗地裏給編了一句「松江知府明日來」的順口溜來諷刺他。這句順口溜慢慢地在老百姓之間流傳開來，老百姓見到他都叫他「明日來。」聽到這個綽號，趙豫總是笑一笑，從不責備叫他綽號的人。

趙豫曾對人說起過「明日再來」的好處：「有很多的人來官府打官司，是抱著一時的氣憤情緒，而經過冷靜思考後，或者別人對他們加以勸解之後，氣也就消了。氣消而官司平息，這就少了很多的恩恩怨怨。」

「明日再來」這種處理一般官司的作法，是合乎人的心理規律的。以「冷處理」緩和情緒，不急不躁，才能理智地對待所發生的一切，避免不必要的爭執，忍一時的不冷靜，對人對己都有好處。

正反兩面的例子，我們都看到了，從中我們也就總結一些經驗。中國文化的精要就在於以靜制動，稍安勿躁；浮躁會帶來很多危害。想有所作為，而又不能馬上成功，會產生急躁情緒；本以為把事情辦得很好，誰知忽然節外生枝，一時又無法處理，必然生出急躁之心；因為他人的過錯，給自己造成了一定的麻煩，心氣不順，也會產生急躁；望子成龍，盼女成鳳，天下父母之心皆然，但偏偏兒女不爭氣，心中也同樣急；受到別人的責難、批評，又無法解釋清楚，心中也會產生急躁的情緒。無論是哪一種情況產生的急躁，其實對自己以及他人都沒有好處。浮躁之氣於心，行動起來就會態度簡單、粗暴，徒具匹夫之勇，這樣不是太糊塗了嗎？

人不能心浮氣躁，靜不下心來做事，將一事無成。荀況在《勸學》中說：「蚯蚓沒有銳利的爪牙，強壯的筋骨，但卻能夠吃到地面上的黃土，往下能喝到地底的黃泉水，原因是牠用心專一。螃蟹有六隻腳和兩個大鉗子，牠不靠蛇鱔的洞穴，就沒有寄居的地方，原因就在於牠浮躁而不專心。」

輕浮、急躁，對什麼事都深入不下去，只知其一，不究其二，往往會給工作、事業帶來損失。忍浮躁是講人要踏實、謙虛，戒躁是要求我們遇事沈著、冷靜，多分析多思考，然後再行動，不要這山看著那山高。

《鬱離子》中講了個故事說，鄭國有個人住在偏遠的地區，三年中學習做雨傘，好不容易學成了，天太旱，無雨，雨傘沒有用，自然沒人買。於是他就放棄了做雨傘改學做汲水的工具，用了三年手藝又學成了。逢天雨不斷，汲水工具沒什麼用，只好又回去幹做雨傘的老本行。可是此時盜賊四起，人們都急需軍服兵器，他又想改行去做兵器。手藝學成，又失去時機，相反粵地有個農人，他開墾田地種稻米，連著幾年都受澇災，收穫不是很好，人們都勸他把地裏的水排淨改種黍，他不以為然，仍然種稻，時值天旱三年，他連獲豐收，算一算除了抵償以往欠收的損失以外還有盈餘。

天下成大事業者，無不是專一而行，專一而攻。博大自然不錯，精深才能成事。要精深，要在某一個領域中成為專門人才，必須克服浮躁的毛病。無論什麼事都不可能毫不費力地成功，急於求成，只能是害了自己。但只要有決心有信心，胸中有個遠大的目標，小小的浮躁又有什麼不能忍的！

玩火者必自焚

玩火自焚，語出《左傳．隱公四年》：「夫兵，猶火也，弗戢，將自焚也。」玩火自焚本意為，玩弄火的人最後反而把自己給燒死，後來人們用它來比喻做壞事的人自食惡果。人們歷來鄙視、痛恨壞人惡行，並不斷用玩火自焚的道理警惕世人。

春秋時期的左丘明說：「多行不義必自斃。」壞事做多了一定會自取滅亡。唐代王梵志的《積善必余慶》說：「積惡必餘殃。」累積惡行，一定會災禍連綿。宋代林逋的《省心錄》說：「為惡則惡報。」幹壞事就有壞的報應。明代呂坤的《塋訓》說：「害人適以害己。」傷害別人其實就是害自己。古往今來，做壞事的人無不是從害人的目的出發，以害己的結果而告終。在這方面，明代宦官魏忠賢便是一例。

魏忠賢從小就是個地痞流氓，因賭博輸錢被債主逼得走投無路而自閹入宮，後勾搭上明熹宗的乳母客氏，進而逐漸獲得了熹宗的寵信。

熹宗年少，喜歡做木工活，經常自己動手劈、鋸、刨或者油漆木器，朝中政事全交魏忠賢。自此，「內外大權，一歸忠賢」。魏忠賢廣布羽翼，「自內閣六部，四方總督巡撫，遍置死黨」。

為了打擊異己，魏忠賢所控制的特務組織東廠和錦衣衛，設置了數不清的駭人聽聞的刑罰，任意栽贓陷害和逼供殺人。他指使東廠和錦衣衛大肆捕殺不阿附於自己的官員，其中不少人是被酷刑摧殘致死的。如詰命老臣、左副都御史楊漣死時血肉模糊，土囊壓身，鐵釘貫耳，情狀慘不忍睹。東廠和錦衣衛對百姓百般察聽，若有冒犯魏忠賢，則「剝皮刮舌」。就這樣，天下臣民隨時可能遭到飛來橫禍。魏忠賢操縱的廠衛組織，寫下了中國封建歷史上特務統治最嚴酷、最黑暗的一頁。

在魏忠賢的授意下，其爪牙還在全國競相為他建立生祠（為活著的人歌功頌德的祠廟）。「每一祠之費，多者數十萬，少者數萬」。建祠之處，拆毀民房，強佔民田，徵收錢款，逼交貢品。凡不從者，皆以不愛魏公、不敬聖賢論處，致使無數百姓流離失所，傾家蕩產。

就在魏忠賢橫行無忌、張狂得意之時，明熹宗病死，魏忠賢失去靠山。朝野上下對他早就恨入骨髓，紛紛抨擊、聲討。新即位的崇禎帝遂將其貶謫鳳陽，後又派人逮捕治罪。魏忠賢聞訊，於赴鳳陽途中的卓城縣畏罪自殺。崇禎帝「詔磔其屍，懸首河間（城門）」。禍國殃民、惡貫滿盈的魏忠賢，落了個戮屍寸剮、懸道示眾的下場。

玩火自焚的事例，在現實生活中也是不少見的。試看那些貪污受賄的人，那些敲詐勒索的人，那些流氓滋事的人，那些盜竊搶劫的人，那些中傷、誹謗他人的人……到頭來不都是搬起石頭砸自己的腳嗎？做壞事的人，損害他人的利益，違背社會道德，擾亂社會秩序，觸犯法律，必然引起民眾的憤慨，必然遭到輿論的譴責，必然受到法律的制裁，作孽越多，罪行越重，所受的懲罰就越嚴厲。

明代吳麟征《家誡要言》說：「心術一壞，即入禍門。」誠哉斯言！萌生做壞事之心，註定跌入災禍之門。玩火自焚，這是社會的規律，歷史的必然。做壞事的人，不管表面上多麼強大，不管一時間多麼倡狂，都逃脫不了作惡自斃的人生法則。魏忠賢如此，希特勒、墨索里尼、東條英機如此，這從反面給了人們很好的啟示：做壞事的人並沒有什麼了不起的力量，並不可怕。只要堅持真理、主持正義，就一定能夠戰勝邪惡，從而為人們所生活的空間迎來一派文明、祥和、幸福的春光。

聰明別被聰明誤

一個人最大的弱點，就在於他自以為聰明。自作聰明者有這樣的缺點，但他們常常意識不到，甚至不願意識到。

有一個人一直懷疑他的太太聽力有問題，決定好好考驗一下她的聽覺。有一天下班後，他輕手輕腳地走到太太背後七公尺的地方。「太太，妳聽到我的聲音了嗎？」他太太沒有反應，他又走到五公尺的地方。「太太，妳聽到我的聲音了嗎？」

她依然沒有答腔，他只好走到離她三公尺的地方。「妳聽到我的聲音了嗎？」「聽見了。」他太太說，「這已經是我第三次回答你了！」其實，很多時候耳背的是我們，我們卻不自知。當我們自以為聰明時，也正是愚昧的開始。下面的故事也說明了這一點。

有一地區的居民，因為水質不佳的關係，脖子長得又粗又胖。一個外地人路過此地，當地的居民就譏笑他說：「你的脖子長得好奇怪，怎麼又乾又細呢。」

外地人說：「是你們的脖子有病，為什麼不去看醫生反而譏笑我呢？」

居民說：「這裡的人全是這樣，何需去看醫生，可能你才需要看醫生呢。」

通常情況下，我們總喜歡品評他人，但卻不喜歡受人品評。大概沒有人喜歡受人批評，除非他想真正地進步。

批評針對的往往是缺點、短處、不足……無論是誰，被人指出缺陷之處，總是一種不愉快的經歷。自作聰明者更是不喜歡遭人批評，他們甚至會認為批評者是不懷好意，因而他們對待批評的做法，往往就是置之不理或加以反駁。無論怎樣，總歸一個目的就是不讓批評損壞了自己的形象與聰明。

下面故事中的大樹就是自作聰明者的典型。

一棵長得高大挺拔的樹，非常欣賞自己的身材，並引以為傲。

有一天，來了一隻啄木鳥，停在樹上，牠聽到樹幹裏有許多小蟲啃噬的雜音，啄木鳥便用長喙在樹幹上啄一個洞，準備將小蟲一一吃掉。

但是這棵大樹非常生氣，它不能忍受美麗的枝幹被破壞成一個一個的洞，大樹開口責罵啄木鳥，並把牠趕走。於是小蟲在樹幹裏長大並生了更多的小蟲，牠們不斷地啃噬著樹幹，漸漸的把它吃空了。

有一天，刮起一陣強風，這棵大樹便攔腰折斷了。

生活中的批評就像故事中的啄木鳥，牠給你除去身上的「小蟲」，這似乎使我們非常不暢快，但這些不快卻會成為最大的幫助。為了使你更健康，你必須忍耐一下暫時的不快，而不要去理會誰更聰明。

自作聰明者不僅對批評拒之千里，而且對良言忠告似乎也沒多大興趣。對於任何事情，無論決定與否，建議對他們來說沒有實際的意義，因為歸根到底，他們還是願意自己做出決定。

一旦因為自作聰明犯了錯，你會怎麼做？首先，不要羞於承認它。然後，對自己說：「很抱歉發生了這樣的事，讓你看看我能做些什麼。」不要用這樣的話推卸自己的責任，比如：「我一直忙得暈頭轉向，所以我出了錯。」

你可能覺得很難承認自己做錯了，但我們都會有做錯的時候，大多數人都憎恨承認這一點。許多人錯誤地以為，一旦他們承認自己錯了，人們就會輕視他們。可是事實卻正好相反，你犯了錯誤，承認了它，並願意改正它，事情就會好辦多了。

所以記住，克服自作聰明的最好方法就是有錯就改。

自作聰明的晉惠公。

西元前六四五年，秦、晉大戰於龍門山。結果秦勝晉敗，晉惠公也作了秦軍的俘虜。晉失敗的原因很多，但晉惠公的自作聰明是一個極為重要的原因。

晉惠公是在秦穆公、齊桓公的支援下登上國君之位的，事先曾答應割五城給秦國以求得秦穆公的支持。但他即位之後，卻賴了帳。

即便如此，當晉國天災流行、民間缺食的危急時刻，秦國給晉國送去了大批糧食。

可是，當秦國也遇災荒，向晉國買糧時，晉惠公竟一粒糧食也不願賣，這便激怒了秦國。

秦穆公以晉國忘恩負義為名，出師討伐晉國。對這一緊急事態，晉惠公是怎樣對待的呢？

第一，他根本不承認理在秦國這一邊，拒絕和談。大臣慶鄭建議「割五城以全信，免動干戈」。他怒不可遏地說，晉國作為堂堂千乘之國，根本談不上什麼割地求和，下令要先斬慶鄭，然後發兵迎擊秦軍。眾大臣建議讓慶鄭將功折罪，慶鄭才免於一死。

第二，他視不同意見如洪水猛獸，多方壓制。秦軍已渡河向東，三戰全勝，長驅而進，直至大將韓簡案下。韓簡向他報告，秦國軍隊雖少，但狀態卻是十倍於晉軍。晉惠公詢問其中原因，韓簡分析說：「大王當初以秦近而奔梁，繼以秦授而得固，又以秦賑而免饑，三受秦施而無一報，秦國君臣積憤已深，所以才來伐晉。秦軍都懷有討伐大王之心，所以鬥志特別高。」

晉惠公一聽，大為惱火，並對他加以斥責。

第三，他根本不考慮實際戰鬥的危險程度，他原本坐的一匹小駟根本不適用於戰鬥，臣下建議他換一匹國產的戰車，但他偏愛小駟，非牠不用。

戰爭開始了，混戰之中，晉惠公雖然不乏勇敢，無奈那小駟未經戰陣，驚嚇亂竄，陷入泥濘之中，最後他被秦軍俘獲。晉軍失了主帥，也投降了秦軍。

人生在世，很難說哪一個人沒有缺點。

因為，縱使美玉，也有瑕疵。但缺點雖然不可逃避，卻並非不能改造。無論是與生俱來的缺點，還是後天形成的缺點，只要你勇於面對，敢於改造，就沒有不能改正的缺點。

第二章

有點缺點更有自信

有缺點的人是真實的，是可親可感的，沒有缺點的「不沾鍋」，似乎只存在於神話中。因為，缺點無處不在，缺點人人都有。缺點是把雙刃劍，它既可以為人帶來痛苦，也能讓人產生動力。自嘲能彌補失落，內疚不完全是壞事，所以，缺點也有可取之處，有點缺點讓人更有自信。

有點缺點更有自信

世界上沒有十全十美的東西，也不存在精靈神通的完人。但在認識自我，看待別人的具體問題上，許多人仍然習慣於追求完美，求全責備，對自己要求樣樣都是，對別人也往往是全面衡量。

其實那些英雄、名人並不是那麼光彩奪目、無可挑剔的，任何人都同時存在著優點和缺點。

美國大發明家愛迪生，有過一千多項發明，被譽為發明大王，但他在晚年卻固執地反對交流輸電，一味主張直流輸電。電影藝術大師卓別林創造了生動而深刻的喜劇形象，但他卻極力反對有聲電影。

人是可以認識自己，操縱自己的，人的自信不僅是相信自己有能力有價值，同時也相信自己有缺點有毛病。我們放棄了完美，就會明白我們每個人的雙重性格是不可改變的。所以，應當保持這樣一種心態和感覺，知道自己的長處優點，也知道自己的短處缺點；知道自己的潛能和心願，也知道自己的困難和局限，自己永遠具有靈與肉、好與壞、真與偽、友好與孤獨、堅定與靈活等等的雙重性格。

自我容納的人，能夠實事求是的看待自己，也能正確理解和看待別人的雙重性格，這樣就可以拋棄驕傲自大、清高孤僻、魯莽草率之類導致失敗的缺點。一旦能以這種自我肯定，自我容納的觀念意識付諸行動，就能從自身條件不足和所處的環境不利的局限中解脫出來，去說自己想說的話，去做自己想做的事，不必藏拙，不怕膽怯，即使明知在某方面不如別人，只要是自己想做的事，也會果敢行動，有所表現。因為每個人都在經過東倒西歪、羞怯緊張那樣的階段，才學會了走路、講話、游泳、溜冰、騎車、跳舞等等各種本領和技能。

美國著名的管理學家彼得．杜拉克在《有效的管理者》一書寫道：「倘要所有的人沒有短處，其結果最多是一個平庸的組織。所謂『樣樣都是』，必然『一無是處』。能力越高的人，其缺點往往也很明顯，有高峰必有深谷。」

誰也不可能十全十美，與人類現有的博大的知識、經驗、能力的彙集總和相比，任何偉大的天才都不及格。一位經營者如果只能見人之所短而不能見人之所長，刻意於挑其短而不著眼於其長，這樣的經營者本身就是弱者。我們要不斷提高和完善自己，要學會自我肯定，自我接受，才能正確地認識自我價值。

缺點也有可取之處

一個整身都是缺點的人有什麼可取之處嗎？答案是：人們能把缺點活用時，「缺點」會有重要的價值呢！

金庸小說《鹿鼎記》中有個「韋小寶」，韋小寶毫無武功，文不能提筆，武不能上馬，但其開功蓋世，一人之下，萬人之上。因為他精通人情世故，知道如何趨吉避凶，替自己造勢，不但縱橫脂粉陣中，而且得意康熙面前。表面上看似無用，其實是大用，因為他把老子的「柔弱哲學」發揮得淋漓盡致。

碰到精通人情世故、含光內斂、閱歷豐富的對手時，精明的技巧、策略、兵法可能都毫無用武之地。這時，不妨學學韋小寶，打個毫無技巧可言的「軟仗」，或許會有出乎意料的戰果。正所謂：「天公疼憨人」，「扮豬吃老虎」，真正沒有技巧的人，反而會讓對手沒有防備之心，不但可減低攻擊，而且還可以提高獲勝的機會。

同樣，在商場中，「專長」是非常有用的，有了「專長」的累積，才可能在商談中判斷出「利」與「弊」。但隨著時代的變遷，社會越趨多元化，「專長」早已不完全是成功的不二法門了。甚至有時候「專長」反而會成為包袱而產生副作用，為什麼呢？因為「專長」只能在「曾經發生」的狀況下產生作用，而在這個社會，人的「變數」越來越大，沒有人有足夠的「專長」完全掌握所面對的環境。對商人而言，行銷過程中最大的挑戰不是商品本身，更不是價格，而是購買者。碰到任何有關「人」的問題，與其費盡心思去設計「謀略」，倒不如靜下心來，儘量順其自然，或許事情還好辦些呢！

從「行銷」的觀點來看，有的人閱人無數，幾乎大部分房地產銷售的「疑難雜症」都曾「親臨其境」。每當碰到難題的時候，無不絞盡腦汁尋求「破解」之道。有時候也會對自己的「深謀遠慮」沾沾自喜。但這樣有「專長」的人有時卻不如一個「手無寸鐵」的「弱女子」，因為她有著一手「無招勝有招」的「蓋世奇功」！

令你不得不自嘆弗如。研究她的成功之道，發現她的缺點—世故不深，反而成了業務攻堅最大的利器。

面對面的一對一推銷，容易讓雙方形成對立，只是沒有表面化罷了！而此時一個女孩的單純心理反而有利於讓買方解除敵意，讓對方感覺「我是站在你這一邊的」。一旦心防去除後，「買力」自然就會上升了，這就是無招勝有招的技巧了。

多疑未必是小人

一般來說，人們對疑心重的人都很反感，常常認為他們是「鼠肚雞腸」、「以小人之心度君子之腹」，搞得人人自危。尤其當自己被人無端猜疑時，火氣就更大了，覺得對方簡直是個得了「猜疑症」的怪物，不可理喻。一般人做事總是追求「君子坦蕩」，光明磊落的做法，認為做事坦率大方才有君子風度。

他們在決定做某事之前，並不草率下判斷，做結論。他們認為那樣做的人，是毫無經驗和幼稚可笑的。因為他們認為，如果不瞭解事物的真相，或者僅憑第一印象、第六感或別人的介紹，而不加思索的著手從事某項事業，那簡直是自殺的做法。如果這樣，這生意倒不如不做算了。

他們的做法是：在下結論、做決定之前，絕不偷懶，一定親自做實地的考察與接觸，切身去感受、去體會，做到胸有成竹，瞭若指掌。為此，要不惜花力氣去做功課，不厭其煩地去考證，如果觀察十次不夠的話，那就接著去，二、三十次地觀察也在所不辭，總之目標是要使自己掌握一切的訊息與資料。

因此，比起單純地追求所謂的「坦蕩君子風度」而言，這種客觀的，實事求是的做法顯然理智和高明得多。

中國有句古話，叫「用人不疑，疑人不用」套用到這裡，可以說成是：「做事不疑，疑事不做。」

的確，該懷疑的地方，還是要大膽去懷疑，即使別人不耐煩，不斷地催促，也不要就此罷手，如果對方以「快點，否則我要另請高明了」來要脅，也不要慌張，而是不慌不忙地回應：「懷疑和分析是必做的功課，要是真的等不及，那只好另請高明」。因此，要鎮定自若地按自己的既定方針去觀察分析，瞭解真面目，然後方可下結論。

總之，在該懷疑處懷疑，該果斷時果斷，二者都馬虎不得。多疑者未必就是小人。

自嘲能彌補失落

人的一生都難免會有失誤，每個人都難免會有缺陷，而任何人也都難免會遇上尷尬的處境。有的人喜歡遮遮掩掩，有的人喜歡強力辯解。其實越是遮掩心理越是失衡越是強辯，卻只會越描越黑，最佳的辦法是學會調侃自己。

托爾斯泰寓言裏的那隻狐狸用盡了各種方法，拚命地想得到高牆上的那串葡萄，可是最後還是失敗了，於是只好轉身一邊走一邊安慰自己：「那串葡萄一定是酸的。」

這隻聰明的狐狸得不到那串葡萄，心裏不免有些失望和不滿，但牠卻用「那串葡萄一定是酸的」來解嘲，讓失望和不滿化解，使失衡的心理得到了平衡。

美國著名演說家羅伯特，頭禿得很厲害，在他頭頂上很難找到幾根頭髮。在他過六十歲生日那天，有許多朋友來給他慶賀生日，妻子悄悄地勸他戴頂帽子。羅伯特卻大聲說：「我的夫人勸我今天戴頂帽子，可是你們不知道光著禿頭有多好，我是第一個知道下雨的人！」這句調侃自己的話，一下子就將聚會的氣氛變得輕鬆起來。

有了自卑感的人，心理很容易失衡，但是我們從不少人身上發現，人有了自卑感，同時也會產生出一種不斷地彌補自己缺點的本領。往往自卑感越強的人，這種補償作用也會越強。美國第十六任總統林肯從小就有自卑感，他就是藉由自嘲來克服自卑，培養自己的自信心的。

大家都知道林肯長相醜陋，可是他不但不忌諱這一點，相反，他常常詼諧地拿自己的長相開玩笑。在競選總統時，他的對手攻擊他兩面三刀，搞陰謀詭計。林肯聽了指著自己的臉說：「讓公眾來評判吧，如果我還有另一張臉的話，我會用現在這一張嗎？」還有一次，一個反對林肯的議員，走到林肯跟前挖苦地問：「聽說總統您是一位成功的自我設計者？」「不錯，先生。」林肯點點頭說，「不過我不明白，一個成功的自我設計者，怎麼會把自己設計成這副模樣？」

我們從林肯身上發現，一個人生理缺陷越大，他的自卑感就越強，於是成就大業的「本錢」也就越多。林肯身上的自卑感，變成他成功的「渦輪增壓」，而自嘲正是他自我超越的能源。

自嘲是一種特殊的人生態度，它帶有強烈的個性化色彩。自嘲作為生活的一種藝術，它具有平衡生活和調整自己的功能。它不但能給人增添快樂，減少煩惱，還能幫助人更清楚地認識真實的自己，戰勝自卑的心態，應付周圍眾說紛紜評價帶來的壓力，擺脫心中種種失落和不平衡，從而獲得精神上的滿足和成功。

一失足不一定成千古恨

「一失足成千古恨」，目的是叫人們把握好自己的人生方向，千萬不要走錯了。其實，人的一生要經歷許多的風風雨雨，總會遇到各式各樣的情況。人的智力在不同的階段會有不同的表現形式。當人在一些問題上產生偏激，對一些事情急於求成又脫離實際，一旦把握不住自己就會犯了錯誤，有時會造成一些過失帶來嚴重的後果，但並非一失足成千古恨。

那麼，犯過錯誤之後應該怎樣對待呢？是整日沉浸在悔恨之中不能自拔還是走出失敗從頭開始。如果整日沉浸在悔恨之中，就會變得敏感、多疑、自卑，感覺自己和過街老鼠一樣，少了一份尊嚴。由此對周遭的人們產生敵意，同時又恨自己當時為什麼不冷靜而犯了錯誤，真恨不能時光倒流回到從前，不讓事情發生。就這樣在悔恨中備受煎熬，精神萎靡不振，慢慢地變得有些自我封閉，對任何事都不感興趣，精神備受壓抑，對前途希望渺茫，長此以往會導致一蹶不振，不再有美好的希望與追求。

顯然不能這樣，那麼怎樣才能走出失敗，不再沉浸在悔恨之中？要解決這個問題首先就要放下包袱，調整心態，克服自卑心理。雖然犯過錯誤，但「人非聖賢，孰能無過」，關鍵在於如何面對這個過錯，只有後悔是於事無補的，要把悔恨之情變為前進的動力，努力改正所犯的錯誤，彌補這個錯誤造成的損失。克服心理上的障礙，保持舒暢胸懷，走出自我封閉狀態，主動敞開心扉，傾聽人們善意的勸告，請他們幫助找出自身的缺點與不足，繼而消除敵對心理，不再無故猜疑，打開了思想上、心理上的癥結，用平常的心態面對一切，這樣就會慢慢地恢復自信。

生活中，常聽到有人把人生比喻成一盤絕對不容反悔的棋，甚至由此推出「一著出錯，全盤皆輸」的警世名言。

拿下棋來說，遊戲規則中的「起手無回」，是很正常的事。雖然這一步棋也許讓人呈現劣勢，但可以計算下一步棋，還有扭轉劣勢的希望。

如果喻為人生，那更不能如此了。人生邁錯了一步，是不能往回走一步的，已經不能重來，但未必就是邁錯一步就沒有了希望。

佛蘭西斯．奇賈斯特以駕駛帆船周遊世界而聞名世界。你可知道，佛蘭西斯．奇賈斯特出發時年紀已經六十四歲；他從軍隊退伍回來長時間失業、酗酒、打架成性。由於患有心臟病而長時間無法上班工作，後來和人合作開了一家麥子加工廠，卻因經營不善而破產，身體的打擊加上事業上的不如意，使他灰心喪志，便終日以酒度日，三十多歲時還因參加打架鬥毆而遭警方逮捕。一直到了五十歲，佛蘭西斯．奇賈斯特才步入正軌，生活漸漸好轉起來，但並沒有十分發達。經過長時間的思考之後，他做了個驚人的決定：他要駕駛飛機周遊世界。此時他五十八歲，但由於經濟等原因佛蘭西斯．奇賈斯特被迫放棄了。

六十二歲那年，佛蘭西斯．奇賈斯特心臟病發作，經搶救活了下來，從醫院出來後，他不顧醫生的警告和家人、朋友的苦苦勸說，決定駕船周遊世界，實現自己的夢想。經過兩年的準備，他出發了。他駕著那艘小帆船下海了！他在遊記中紀錄了這些歷程。

「馬上就要到好望角了，這裡是海洋最狂暴的地方。幾公尺高的海浪把小帆船拍打得無法控制，從浪尖到浪底，感覺真是妙極了，桌子被掀翻了，酒瓶被打碎了，桅杆被折斷了，世界末日已經來臨！我喝了口酒，安然地睡著了。一覺醒來，海水已經平靜，我沒有死！」

「快要看到雪梨港了。成千上萬的人在歡呼，在揮手。親朋好友們紛紛祝賀我。他們勸我別再出海了，可是我還沒完成使命呢！」

經過二百二十八天的航行，當佛蘭西斯．奇賈斯特繞行世界一周後返回英國，伊利莎白女王二世親自接見他，並授予他皇家一級動章！佛蘭西斯走錯了幾步？他半輩子都走錯了，但他創下人類歷史上的奇蹟。

回首走錯一步算什麼？路還很長呢！

一失足並非成千古恨，想要走出失敗的陰影，首先就要調整心態，克服自卑心理，逐步恢復自信，繼而自強不息，這樣才能不再讓悔恨啃咬心靈。正如一位名人所說：「逆境中要記住自強不息，要把坎坷和困難變成前進的動力，千萬不要讓它成為背上的大石頭。」

化不利為有利

愛美之心，人皆有之。許多年輕人常會因自身的某些缺陷苦惱不已。那麼，該如何克服生理上的缺陷所引發的心理障礙，從而以積極樂觀的態度面對人生，在學習、工作等方面得到滿足和發揮呢？

希臘偉大的演說家狄摩西尼就是典型的一例。他的聲音原本很弱、咬字不清、說話急促，特別是「R」這個字母總是說不清楚，發音更是糟糕。第一次演講時，由於語句混亂，在聽眾的哄堂大笑中狼狽下台。但狄摩西尼沒有就此退縮，他勇敢地面對現實，正確對待自己的缺陷，尋求彌補的方法。他把小石子含在嘴裏，面對大海的波濤訓練發音；向山上奔跑的同時一邊背誦著，練習一口氣念好幾行字，經過長期的自我調控，他終於獲得成功，成為古今聞名的大演說家。

拿破崙雖然身材矮小，但是他卻做出稱霸歐洲的壯舉；邱吉爾雖然口吃，卻掩蓋不住他身為首相、身為第二次世界大戰盟軍最高指揮官的豪邁與英氣。

我們感慨貝多芬耳聾後，仍譜寫出氣勢磅礴的《英雄交響曲》和《第九交響曲》；我們讚美奧斯特洛夫斯基戰勝癱瘓和雙目失明後的不朽力作——《鋼鐵是怎樣煉成的》；我們歌頌海倫·凱勒蔑視不幸和自強不息的勇氣。

其實，生活中有些小小的缺陷是不必要花費過多的精力去勞神費心，只要自己留心稍加改進，巧妙運用，便可讓這小小的缺憾變成令人樂於接受的動力，甚至創造出光彩照人的奇蹟。

美國前總統羅斯福，天生長了一張難看的大嘴，嘴唇又厚又黑，牙齒也不整齊，有人想出主意，精心為其製作了一個大煙斗，每次講演時，他都將那大煙斗輕輕托於嘴旁，這不僅遮掩了嘴大的難堪，而且使他那別具一格的演講家氣質顯得更加動人瀟灑。

當然，我們並非都要像這些偉人一樣，但我們可以從他們那裡學到——如何運用已經出現不能改變的弱勢，轉不利為有利，為自己人生之路增添色彩。

變阻力為動力

生活中有兩種人：第一種人，面對嘲笑、愚弄、打擊，就灰心喪志，主動退縮；第二種人，面對同樣的困難，卻不願意屈服，他們化阻力為動力，不斷進取，獲得成功。

每個人都不是完美的人，聰明的人會運用這種外來的刺激來修煉自己，並認為這是一件非常划算的事情。從嘲弄刺激聲中逃走是不智的。所以，只要你正面迎擊對手的嘲弄，到頭來它反而會被征服，並轉化成前進的強大動力。

珍妮上小學四年級時，考試得了第一名，老師送她一本精美的世界地圖作為獎勵。她很高興，跑回家就開始看這本世界地圖。但很不幸，那天輪到她為家人燒洗澡水，她便一邊燒水，一邊在爐邊看地圖，看到一張埃及地圖，想到埃及很好，有金字塔，有埃及豔后，有尼羅河，有法老，有很多神秘的東西，心想長大後，一定要去埃及。

看得入神的時候，突然脾氣暴躁的父親從浴室中衝了出來，喊道：「妳在做什麼？」珍妮趕忙收好地圖，回答：「我在看地圖。」父親很生氣的說：「火都熄了，看什麼地圖！」她說：「我在看埃及地圖。」父親跑了過去，奪下了地圖，扔到一邊，說：「趕快生火！看什麼埃及地圖？我給妳保證，妳這輩子不可能到那麼遠的地方！」

珍妮當時看著父親，呆住了，心想：「爸爸怎麼給我這麼奇怪的保證，真的嗎？這一生真的不可能去埃及了嗎？」

二十年後，珍妮成了美國哥倫比亞廣播公司的知名記者，整年在世界各地作採訪。當然，她不會忘了過去的夢想——去埃及。

有一次，她坐在金字塔前面的台階上，買了張明信片，寫信給他父親。她寫道：「親愛的爸爸：我現在在埃及的金字塔前面給您寫信，記得小時候，您扔了我的地圖冊，保證我不可能跑到這麼遠的地方來，而現在我就坐在這裡，給您寫信。

您的責罵成全了我！」

一位小學老師給他的學生出了一個作業：寫一個報告，題目是「長大後的志願」。

其中一個小男孩，洋洋灑灑寫了七張紙，描述他的偉大志願。那時他想擁有一座屬於自己的農場，並且仔細畫了一張二百畝農場的設計圖，上面標有馬廄、跑道等的位置，然後在這一大片農場中央，還要建一棟占地四千平方英尺的豪宅。

他花了好大心血把報告完成了，第二天交給了老師。兩天後他拿回了報告，第一頁上打了一個又紅又大的F，旁邊還寫了一行字：「下課後來見我」。

腦中充滿問號的他，下課後帶著報告去找老師：「為什麼我不及格？」

老師回答說：「年紀輕輕，不要老做白日夢。你沒錢，沒家庭背景，什麼都沒有。蓋座農場可是個花錢的大工程，要花錢買地、花錢買馬匹、花錢照顧牠們，你別太好高騖遠了。」老師又說：「你如果肯重寫一個比較不離譜的志願，我會重打你的分數。」

這男孩回家後，反覆思考了好久，然後徵詢父親的意見。父親只是告訴他：「兒子，這是非常重要的決定，你必須拿定主意。」

再三考慮了好幾天之後，他決定原稿交回，一個字都不改。他告訴老師：「即使不及格，我也不願意放棄夢想。」

三十年後，這個男孩成了世界聞名的大富豪，他按幼時的夢想建了一個大農場。他的名字叫鮑洛奇——著名的「推銷大王」。

化平庸為神奇

有信心的人，可以化渺小為偉大，化腐朽為神奇。生活對於每個人來說，都不是一件容易的事，我們必須要有堅忍不拔的精神；最要緊的，還是我們自己要有信心。我們必須相信，自己對事情具有天賦的才能，並且，無論付出任何代價，都要把這件事情完成。當事情結束的時候，你就會發現：如果你的信念還站立的話，沒有人能使你倒下。如果真的相信自己，並且深信自己一定能達到夢想，那就真的能夠步入坦途。

海倫剛出生時，是個正常的嬰兒，能看、能聽，也會咿呀學語。可是，一場疾病使她變成了又聾又瞎的小啞巴。那時她才十九個月大。

生理的劇變，令小海倫性情大變。稍不順心，她便會亂敲亂打。只要試圖去糾正她時，小海倫就會在地上打滾。父母在絕望之餘，只好將她送至波士頓的一所盲人學校，還特別聘請一位老師照顧她。

所幸的是，小海倫在黑暗中遇到了一位偉大的老師─安妮．沙莉文女士。她用非常大的愛心、耐心喚起了海倫內在的信心。這使海倫從孤獨的地獄中逃離出來，因為自己的發奮圖強，終將潛在的力量發揮出來，走向了光明。

靠著自信，再經過一段艱苦卓越的奮鬥，海倫憑著觸覺學會了與外界的溝通。她學習了指語法、點字及發聲。一九〇四年，海倫進入麻塞諸塞州拉法克里夫學院學習，是世界上第一個受到大學教育的盲聾啞人，而且還以優異的成績畢業。

此外，海倫不僅學會了說話，還學會了用打字機寫書和寫稿。她雖然是位盲人，但讀過的書卻比視力正常的人還多，她一共寫了《我一生的故事》、《走出黑暗》等三十七本書。而且，她比「正常人」更會欣賞音樂。

海倫．凱勒，身為一個三重殘廢者，憑著自己堅強的信念，終於戰勝自己，體現了生命的價值。自信的人勇於擺脫依賴，拋棄枴杖；自信的人敢於面對失敗與挫折，拋棄怯懦；自信的人敢於選擇，無視他人的冷嘲熱諷。

一九五二年五月，早川德次決心發展生產電視機，其餘家電廠商大多持懷疑態度，他們嘲笑早川德次：「電視在日本根本沒有遠景可言，光是生產設備就要一筆巨額投資，為什麼要在未知利潤的情況下，下這麼大的賭注呢？」

早川德次並不理會這些冷嘲熱諷，他大膽投資，開設電視機工廠，致力於黑白電視機的製造。

不久，日本第一家民營電視台成立，螢光幕上所出現的奇觀吸引了無數的觀眾。電視機漸漸被人們接受，早川德次生產的電視機銷售量漸增。最後，早川德次從電視機生產中獲取了高額利潤。這使日本企業家不禁眼紅，其他廠商也爭先恐後投資於電視機的生產。

沒有勢力、資本以及什麼背景都不要緊，因為有信心的人，正是要靠自己來獲得這一切！而沒有信心的人，即使有一切，他還是無法自立，因為他缺乏一種最關鍵的力量—自信的力量！

最近，美國社會學家做了一項深入的研究，在這項研究中，調查了從《美國名人錄》中，隨機選出的一千五百名有突出成就的人的態度和特性。該名人收錄的是目前在某一領域中有著傑出成就者。這個研究結果發現，最成功的人都表現出許多相同的特性，「自信心」就是其中五項影響成功最重要的因素之一。「最有成就的人就是靠著他們自己的自信、智慧和能力而獲致成功的。」對於這點，被調查者的七七%給他們自己的評價是A級。

「自信心」對一個人一生的發展所起的作用是無法衡量的，無論在智力上還是體力上，或是在做事的各種能力上，自信心都顯現出令人無後顧之憂的支持地位。

在許多成功者的身上，我們都可以看到超凡的自信心所起的巨大作用。這些人在自信心的驅動下，敢於對自己提出更高的要求，並在失敗的時候看到希望，最後終會獲得成功。

逆向思考

利用敵人的缺點要害而取得勝利，是劉伯溫兵法中「害戰」的思想所在。從今天的商業的角度來看，害戰實際上是一種「缺點逆用」的方法。

有個紡織廠出產一種尼龍料，沒想到品質過不了關，尼龍料的表面上有許多白色的小斑點，結果庫存積壓銷售不出去。這時廠裏的設計人員突發奇想，既然有白色斑點的毛病不易克服，那能否將這些斑點由瑕疵變為裝飾呢？於是他們在生產中刻意追求那種效果，將斑點加大，最後生產出一種別具一格的產品，名叫「雪花飄」，反而成了市場上的搶手貨。

日本的體育用品公司，也曾採取過這種違反常規的方案。他們別出心裁，起用外行來做新產品設計，原因是外行人的頭腦中沒有既定的框架，更有可能想出獨創性強的新點子。果然一位足球教練—不折不扣的外行，經過認真的設計和研究，為這個公司推出了一款前所未有的運動鞋—散步鞋。這種鞋上市就大受歡迎，在日本帶動了一股強勁的散步風潮。

「缺點逆用」戰術的使用需要有較全面的文化素養和靈活的頭腦，美國的鮑洛奇在一家連鎖超級市場總公司擔任水果攤的主持人。擔任這項工作沒有多久，他就根據「缺點逆用」戰術大出風頭。

一次，這個公司的十八簍香蕉因冷藏設備發生意外而被熱壞，但仍可食用，只是香蕉皮變了顏色。老闆命公司人員設法以任何價錢把這些香蕉銷掉。

鮑洛奇靈機一動，想出了一個花招。他沒有告訴老闆，就把那批香蕉皮快發黑的香蕉集中在外面，大聲叫賣：「阿根廷香蕉，剛到的貨，快來買呀！」

顧客一聽這是阿根廷香蕉，覺得挺新鮮，於是大群人聚集過來，奮力搶購。

結果，鮑洛奇以兩倍於一般香蕉的價格，而且只花了三個小時，就把十八蔞香蕉全賣完了。

同是一種香蕉，為什麼價格相差兩倍？這是因為變色的香蕉顯然不能作為普通新鮮香蕉賣，要賣也得降價處理。但如果把黑皮香蕉作為阿根廷香蕉（一種顏色較深的香蕉）來賣，則名正言順。美國人沒有機會常吃到阿根廷香蕉，所以賣貴點也很正常。這種「隨機正名」的策略，常會使買主大上其當，而不自覺。

以上這兩個例子，可說都是利用「逆向思考」而獲得成功的。一個是將缺點變為優點，一個是拿外行當內行。逆向思考的好處就在於，跳出常識的圈子，見人所不見之外，產生新的創意。有意識地運用逆向思考，就如同思想之劍上多了一面鋒利的刀刃。

「獻醜」絕對不丟臉

許多人都認為，將自己的缺點暴露在別人面前是一件非常難堪的事，其實大可不必有這樣的想法。勇敢而坦誠地在別人面前「獻醜」，有時反而會得到意想不到的結果。

劉伯溫兵法指出：在歷代戰爭中，贏得戰爭主動權，是軍事家最看重的一個環節。一般戰法中指出，我軍隱蔽的越深越好，目標越小越好。因為，這樣我軍就可以後發制人，贏得戰爭主動。但是，也有反其道而用之的情況，例如，我軍自我暴露，誘敵深入，這樣就可以將被動轉為主動。這種自我暴露的戰術，是兵法中「後發制人」的戰術體現。

使用自暴其短來做商業促銷也是商場常用的一種方法，以下幾種方式不妨參考：

其一，坦誠「獻醜」。

四川成都有一家小報——《電子報》。一九八五年，該報登出一份徵訂啟事。啟事中，有三分之一的文字敘述了自身的缺陷和印刷、紙張等方面的差距。並直言相告，高級電子專業人員和毫無此類知識的初學者不要訂閱該報，因為該報無法滿足這兩類人員的要求。這則廣告為名不見經傳的《電子報》贏得了聲譽，使訂閱數不斷上升。該報的成功，完全在於坦誠——「獻醜」，以被選擇的姿態受消費者的審視。

其二，一舉驚人。

美國有一家餐廳，一直默默無聞，生意蕭條。一次，餐廳老闆靈機一動，在旅遊旺季之時，在自家門前掛起了一個牌子，赫然幾個大字：「全國最差的餐廳」。

這樣一來，顧客不僅不討厭這家餐廳，反而紛紛前來吃飯，要見識見識全國最差餐廳的食物究竟差到什麼程度。一吃到食物，才知這家餐廳做得食物無論色、香、味都是一流的。這一下，名聲傳開了，餐廳的生意越做越大。

餐廳老闆之所以將最差餐廳的牌子掛起來，無疑是想讓人注意到這家餐廳。此一舉動確實驚人，但光憑這一舉動還不夠，餐廳的服務水準也要高，這樣「最差」的牌子可以免掛，而餐廳的名聲也已經傳出去了。

其三，表達誠心。

瑞士一家鐘錶店由於手錶大量積壓，資金周轉不靈，前景堪憂。錶店老闆心生一計，貼出一張廣告：「本店現存一批手錶，走時不太精確。二十四小時慢二十四秒，望君三思而擇。」廣告貼出不久，這家鐘錶店卻門庭若市，生意異常興隆。積壓的手錶一銷而空，店主眉頭上的「鎖」也打開了。公開了手錶的缺點反而銷出了庫存貨，這裡的關鍵恐怕還是一個「誠」字吧！「誠」字在經營中如此重要，難怪生意人大都要在自己的店家的門面上掛出「童叟無欺」的牌子。

其四，家醜外揚。

一九六二年，美國底特律市的本巴赫公司為大眾車設計了一份廣告。廣告圖案是：一輛小汽車位於寫有「次級品」大字的橫標上方。廣告下有說明：大眾車的檢查員因儀錶板上的小儲藏櫃裏有一道劃痕而拒絕接受該車。廣告公司的一位負責人說：「沒有一家汽車製造商曾考慮過在他的廣告裏用『次級品』這樣的字眼，只有大眾汽車敢如此自信。」公司在自己的次級品廣告上把產品置於「次級品」的字樣上，向公眾坦白了自己公司也有次級品，這無疑是「家醜外揚」。

其實，「次級品」的含義恰恰與「次級品」本身相反。眾所周知，即使是最優秀的企業，也會出現廢品和次級品，百分之百的合格品是不可能的。大眾汽車因為儲藏櫃裏的一道劃痕而被列入「次級品」的行列，正好說明了該公司對產品的高標準要求和對消費者嚴肅負責的態度。進而言之，一輛汽車因一道刮痕而未能通過檢查。

那麼，通過檢查的車一定會是無可挑剔的優質汽車。試問，看到這樣的廣告，哪個消費者還會對大眾汽車的品質抱有絲毫懷疑？

可見，「獻醜」未必就意味著丟臉，而招致眾人的輕視，相反，如果獻醜獻得坦誠，反而會獲得預期的收穫呢？

內疚不完全是壞事

一個人在鑄成大錯之後，卻沒有內疚的感覺，那他就不能辨別是非，或根本不瞭解那些行為的是非標準。

有些內疚情緒是遺傳下來的，但有一些內疚情緒則是人們從生活中獲得的。處在不同環境中的人，可能具有不同的甚至相反的道德標準。然而，人們在每一個場合都會受到特定的道德標準的約束，如果違背了這種道德標準就會感覺內疚。

某些情況下，內疚情緒是好的，甚至能激勵有德行的人產生美好的思想和行動。內疚情緒配合積極的心態會產生良好的促進作用，但是並非每種內疚情緒都能產生良好的結果。

偉大的心理學家佛洛依德說：我們的工作進展得越遠，以及我們對神經病患者精神生活的認識和研究越深，我們就越清楚地感覺到，兩個因素迫使我們最密切地注意到它們就是抵抗的來源⋯⋯。這兩個因素，都能包括在我需要得病或我需要受苦的表述中⋯⋯。這兩個因素的頭一個就是內疚感或犯罪的覺悟⋯⋯

佛洛依德是正確的。因為內疚情緒常常會激發人們想去毀滅自己的性命，毀壞自己的身體，或者用別的方法殘害他們自己，以洗清他們自認為的罪過。很幸運的是，今天這樣的方法很少被採用了。文明國家也不允許人們使用這些方法。然而我們還是能夠經常發現與它們極相似的情況，即下意識心理對自己的殘害。

「下意識」像有意識一樣能有效地應用它的力量，當一個人不用積極的心態去克服自己的內疚情緒時，下意識就能使他受到傷害。

體諒別人是我們每個人應有的品德。嬰兒很少注意到別人是否舒適和便利，他想要什麼就要什麼。但是，他在成長時，逐漸認識到還有別的人存在，自己必須在某種程度上顧及到他們的權益。自私是人的共同缺點，我們每個人只有通過成長，逐漸減少自私。當我們長大到足以瞭解自私是一種不良品行時，我們在只顧及個人利益時，就會感到一陣內疚的刺痛。這是好的，因為當這種情況發生時，或當我們能在使自己愉快和使別人愉快之間進行選擇時，內疚能使我們思考問題。

湯姆斯・根住在俄亥俄州克里夫蘭，他六歲的孫子每天傍晚都要跑到街道轉角去迎接他下班回家，這使他很愉快。當孫子迎接到他時，他總是給孫子一小包糖果。

一天，這個小孩迎接到祖父後，充滿期望地問說：「我的糖果呢？」這位祖父力圖隱藏自己的哀傷情緒。「你每天都來迎接我，」他猶豫了一下，然後接著說，「僅僅是為了一包糖果嗎？」祖父就從衣袋裏掏出一包糖果，遞給孩子。他們向房子走去，誰也沒有說話。這孩子傷心了，顯得很不高興，他知道他傷害了自己所愛的祖父的心。

那天晚上，這個六歲的孩子和他的祖父一起跪下，高聲祈禱。祈禱中這個孩子加了一句自己的話：「請上帝讓祖父瞭解我愛他。」

這個孩子由於自己所做的事而感到後悔，這是好的，因為後悔能迫使他採取行動，消除內疚情緒，對他所做的錯事做出正面補救。

笨鳥也能高飛

現實生活中，很多人覺得自己做事笨，說話笨，腦筋不靈光，覺得自己事事不如人，因而很自卑，認為自己做不成什麼大事，其實，這種想法是不對的。許多獲得偉大成就的人，都不是因為天生聰明，而是靠著後天的勤奮和努力才擁有成就的。

霍默天性笨拙，這一點在他大學畢業時他的導師威爾先生對他早有評價。威爾先生最欣賞的一句話就是「勤能補拙」，他評價一個人勤奮往往就暗示了這個人可能是笨拙的，因為他常常說，勤奮的品質是上帝給笨拙的人的一種補償。霍默相信自己就是得到上帝這種補償最多的人。就在大學畢業這一年，霍默接受威爾先生的推薦到安東律師事務所應試。這是倫敦最著名的一家律師事務所，很多有名的大律師都是在這家事務所裏接受訓練而走上成功之路的。

出門前，母親很正式地告誡霍默要學得聰明些，不要呆頭呆腦讓人看做是個傻瓜，母親說這也是他父親的想法。這麼多年來，霍默第一次發現父親對母親的話投以贊同的微笑和點頭。平日他們總要為一個字詞的細微差別爭辯上半天。

霍默輕聲說：「我會留意的，請放心吧。」實際上直到霍默走進事務所的大門前，心裏還是一片茫然：怎樣做才算聰明呢？

來應試的人很多，他們個個看起來都很精明。霍默努力讓自己面帶微笑，用眼睛去捕捉監考人員的眼神。也許給他們留下機靈的印象，對錄用會大有幫助。但這一切都毫無用處，他們個個表情嚴肅，忙著把一大堆資料分給應試者，甚至不多說一句話。

資料是很多龐雜的原始記錄和相關案例法規，要求在適當的時間裏整理出一份盡可能詳盡的案情報告，其中包括對原始記錄的分析，對相關案例的有效引證，以及對相關法規的解釋和運用。這是一種很枯燥的工作，需要耐心和細心。威爾先生曾經詳細講解過從事這種工作所需要的規則，並且指出這種工作是一個優秀律師必須完成的。霍默周圍的人看起來都很自信，他們很快就投入到起草報告的工作中去了。霍默卻在翻閱這些資料時陷了進去。在他看來，原始記錄一片混亂，並且與某些案例和法規毫無關聯，需要首先把它們一一篩選分類，然後才能正式起草報告。時間一分一秒地流逝，霍默的工作進展得十分緩慢，他不知道要求中所說的「適當的時間」，到底指一個小時還是兩個小時。霍默發現如果讓他完成報告可能至少要一個晚上。可是這時周圍已有人完成報告交卷了，他們與監考人員輕聲的交談聲幾乎使霍默陷入了絕望。越來越多的人交卷，他們聚集在門口，等待所有的人都完成考試後聽取事務所方面關於下一步考試的安排。當時霍默也認為安東事務所的考試不會只有這一項，他們一起議論考試的嗡嗡聲促使屋子裏剩下的人都加快了速度。只有霍默，腦子裏一遍又一遍地想著母親的忠告：要學得聰明些。可是怎樣才能聰明些？霍默覺得自己幾乎做不下去了。終於，屋子裏只剩下霍默一個人在面對著只完成了三分之一的報告發呆。一個禿頭男人走過來，拿起霍默的報告看了一會兒，然後告訴霍默：「你可以把資料拿回去繼續寫完它。」

霍默抱著一大堆資料走到那一群人中間，他們看著他，眼睛裏帶著嘲諷的笑意。霍默知道在他們看來，自己是唯一一個要把資料抱回家去完成的超級傻瓜。

安東事務所的考試只有這一項，這一點出乎應試者們的意料之外。母親對霍默通宵工作沒有表示過分的驚訝，她認為霍默會接受她的忠告，已經足夠聰明了。霍默卻要不斷地克服沮喪情緒說服自己完成報告，並在第二天送到事務所去。

事務所裏一片忙碌，禿頭男人接待了霍默，他自我介紹說是尼克．安東事務所的主持人。他仔細翻閱了霍默的報告，然後又詢問了他的身體狀況和家庭情況。這段時間裏，霍默窘迫得不知所措，回答問話時顯得語無倫次。但在最後，禿頭男人站起來向霍默伸出手說：「恭喜你，年輕人，你是唯一被錄取的人，我們不需要聰明的提綱，我們要的是盡可能詳細的報告。」

霍默興奮得快暈倒了，他想回家去告訴母親，他成功了，但他並沒有學會聰明。霍默的成功正來自於他「不會聰明」的踏實與執著。

這類「不聰明」的笨人讀書時，不去想簡單的方法，一直都是讀死書，死讀書，每次考試時，從沒想過靠別人的力量去換取成績，只老老實實地把書複習過一遍又一遍，害怕遺漏了每一個細小地方，甚至比老師還記得牢。看見別人輕鬆取巧的成績從不羨慕，只覺得拿著自己真實的成績十分踏實。

工作時，這些笨人更顯得笨拙。從來就是笨嘴笨舌，說不出甜言蜜語，更不會阿諛奉承。因為笨，所以實在，做事從不偷懶也不虛華。分內的工作踏踏實實，認認真真地完成；分外的工作幫著做，不計較得失，不炫耀成果。不因為多做就馬虎，總是力求做到最好，以獲得圓滿的結果。做了這麼多，卻從沒學會像下了蛋的母雞一樣四處叫嚷，當然也就缺乏向上的本錢和主管的嘉許，當然也錯過了不少出人頭地的機會。

對生活總是真心真意，也為失敗而懊惱，也為成功而驕傲，也為痛苦而流淚，也為幸福而笑顏逐開。因為笨，所以真誠地對待生活的每一天；因為笨，所以學不會逃避，學不會虛偽，學不會掩飾，學不會做作；因為笨，旁人都願意交往；因為笨，朋友很多；因為笨，活得簡單踏實。

仔細想想「我笨故我在」，「我笨故我踏實」，「我笨故我坦蕩」，這不能不算是一件快樂的事。總之，笨拙不但不會阻礙成功，反而更有可能在眾人協助下展翅高飛。

善用逆境者成大事

身處劣勢絕境，以豁然坦蕩的心情去接受，並積極發掘其中有利的元素，那麼，壞事也有可能就變成好事。日本「推銷之神」原一平的身高只有一百四十五公分，是個標準的矮個子，他曾為此懊惱不已。

後來他想通了，身材矮小是天生的，根本無法改變。而克服矮小最好的方法，就是坦然接受，然後，把矮小的缺點變成優點。

他說：「體格魁梧的人，看起來相貌堂堂，在訪問時較易獲得別人的好感；身材矮小的人，在這方面要吃大虧。我是屬於身材矮小的人，我認為必須以表情取勝。」從那時起，原一平就以獨特的矮身材，配上他刻意製造的表情，經常逗得客戶哈哈大笑。

在這個世界上，有許多人，他們以為別人所有的種種幸福是不屬於他們的，以為他們是不配有的，以為他們是不能與那些命運特佳的人相提並論的。然而他們不知道，世間有多少原本可以成就大業的人，最終只是平平淡淡地度過了自己平庸的一生。他們之所以落得如此命運，就是因為他們對於自己期待太小、要求太低的緣故，就是因為他們不知如何去打活一手的爛牌。

比塞吉洛·齊曼曾受命於可口可樂公司的蕭條時期。該公司對他寄予厚望，希望靠他扭轉乾坤，一掃在與百事可樂公司競爭中所面對的頹敗局面。齊曼的經營戰略是改變可口可樂的配方，向市場推出「新潮可口可樂」，藉此形成轟動來促進銷售。但他在推出新配方可樂的同時，沒有繼續老配方可樂的上市。結果，新潮可口可樂大受消費者冷落。原本不景氣的可口可樂大受冷落，產品銷售額直線下降。這對齊曼來說，是一次嚴重的個人失敗，不僅使齊曼蒙羞受辱，還損害了他多年以來苦心塑造的個人形象。

但是，齊曼並沒有倒下。當他離開可口可樂公司後，便離群索居，閉門思過，有一年多未與公司的任何人通過電話。七年之後，齊曼又東山再起，重新投入可口可樂公司，為其再創輝煌。公司總裁羅伯托・戈塔說：「我們由於不能容忍犯錯誤而喪失了競爭力。我們明白，只有在前進過程中才會摔跟斗。」

西方有一句諺語說：「善用逆境者成大事。」此話意味深長。假如你不曾失敗過，該試圖去嘗試體驗一下失敗，以此累積成功的資本。

人生的成功不在於拿了一副好牌，而在於怎樣打好爛牌。世上沒有常勝將軍，勇於超越自我者才能得到最後的獎盃。在面對難題時，如果期待撥雲見日，並能樂觀以待，事情最後終能如願。因為好運總是站在積極心態者的一邊。一個積極心態者心中常能存有光明的遠景，即使身陷困境，也能以愉悅、創造性的態度走出困境，迎向燦爛的陽光。

事實上，人生就是如此。我們難免會遇到無數挫折、困境及煩惱，但這並不意味著註定要被打敗。如果能秉持真誠的信念，勇敢面對人生，堅信好運必來，就能突破重圍，任何難題都將迎刃而解。

失敗為成功之母

一個人真正能從其所犯的錯誤中汲取到教訓，那麼他的生活就會發生改變。他所獲得的就不只是經驗，而是智慧了。

溫斯頓・邱吉爾說：「**成功，是一種從一個失敗走到另一個失敗、卻能夠始終不喪失信心的能力。**」成功是一位貧乏的教師，它能教給人的東西很少。但是，在失敗的時候，學到的東西卻最多。因此不要害怕失敗，失敗為成功之母。當然，關鍵是要從失敗中能汲取教訓，下次不再犯同樣的錯誤。只有愚蠢到不可救藥的人才會在同一個地方被同一塊石頭絆倒兩次，這樣的人自然不會從失敗中掌握到未來。

亨利・福特說：「失敗能提供你以更聰明的方式獲取再次出發的機會。」其實，偉大的牛頓、愛迪生尚且還有失敗的時候，何況平凡的人們？況且，從某種意義來說，人沒有失敗，就沒有成功，也就是說沒有大失敗，就沒有大成功。如果去問問那些成功的人，他們可以肯定地說，他們經歷的失敗比想像的還要多得多。只是他們不怕失敗，耐心而又專注地研究失敗的原因，然後，一步一步地把它們解決掉，最後才得到成就的。

希望自己事業成功，僅有學校的智慧是遠遠不夠的，還必須具備生活的智慧。生活的教育方式是：首先得遭受挫折，然後從中汲取教訓。大多數人由於不知道如何犯錯誤和從錯誤中悟出道理，所以只是一味地逃避錯誤。他們不知道，這種行為本身已鑄成大錯。還有一些人犯了錯誤卻沒能從中汲取教訓。這些都是為什麼有如此多的人，總是周而復始地犯著自己曾經犯過的錯誤。在學校，一個人可能會因為沒犯錯誤而被認為是聰明的學生；而在生活中，一個人的智慧恰恰是因為犯過錯誤，並且能從中汲取教訓。

失敗也是一種收穫，因為可以從失敗中學到很多。失敗時會顯露出之所以失敗的壞習慣，所以必須予以調整改正，再以好習慣重新出發。失敗驅除了傲慢自大，並以謙恭取而代之，而謙恭可使人得到更和諧的人際關係。失敗使人重新檢討身心方面的資產和能力。失敗藉著讓人接受更大挑戰的機會，提高一個人的意志力。

練健身的人都知道，只是將啞鈴舉起來是沒有用的；練習者必須在舉起啞鈴之後，以比舉起時慢兩倍的速度，將啞鈴放回舉起前的位置，這種訓練稱為「阻抗訓練」，這所需要的力量的控制力比舉起啞鈴時還要多。

失敗就是一個人的阻抗訓練，當遭遇挫折時，應主動將自己拉回原點，並將注意力集中到拉回原點的過程上；再次出發時，便能有長足的進步。

從以上意義中也認識到：每當失敗一次，離成大事者就近了一步，在成功與失敗的互換推動與轉化中，人生將日益成熟與完美。

把缺點化為優點

把自己最弱的部分轉化為最強的優勢，對任何人都非常重要。格蘭恩・卡寧漢，自小雙腿因燒傷無法走路。但是，他卻成為奧運會歷史上長跑最快的選手之一。

他認為：「一個運動員的成功，八五％靠的是信心及積極的思想。」換句話說，要堅信自己可以達到目標。

他說：「你必須在三個不同的層次上去努力，即生理、心理與精神。其中精神層次最能幫助你，我不相信天下有辦不到的事。」

擁有積極的心態，就能使一個人將自己的弱點積極地轉為強勢的部分。這種轉化的過程有點類似焊接金屬一樣，如果有一片金屬破裂，經過焊接後，它反而比原來的金屬更堅固。這是因為高度的熱力使金屬的分子結構更為嚴密的緣故。

試著依照下列步驟，把自己的缺點轉化為優點。

一、孤立弱點，將它研究透徹，然後設計一個計劃加以克服。

二、詳細列出自己期望達到的目標。

三、想像一幅將自己的弱勢變成強勢的美好景象。

四、馬上開始成為自己希望的強人。

五、在最弱之處，採取最強的補強措施。

六、請求他人的幫助，並相信他們會這樣做的。

卡樂拉曾是一個很消極的人，多年前的一個晚上，他散步到長島的一處草地上，計劃在那裡自殺。生命對他已無任何意義可言，生活中已無任何希望。他隨身帶了一瓶毒藥，一口喝盡，躺在那裡等死。

稍後，他睜開眼睛，看到月光皎潔的夜空，十分驚訝。他懷疑自己已經死了，他想不通自己為什麼會沒有死。他始終認為，這是上帝的意思。上帝希望他活下來，因為另有任務給他。當他知道自己仍然活著，突然間重新有了生存的渴望。他感謝上帝的恩賜，讓他活下去，並且下定決心，一定要活下去，要以幫助他人為職責。卡樂拉成了一位特殊的積極思想者，他把幫助他人當作自己生命的全部使命。

我們應該清楚自己想克服的缺點是什麼？傷感、失望、恐懼、生氣、沮喪、酗酒，還是情慾？無論是什麼，它絕對不能永遠打敗你。記住了這一事實後，就可以將最弱的地方轉為最強。

任何人只要願意改進自己的缺點，願意接受積極思想，就能把最弱點轉為最強點。信仰可以改變人的一生，新思想可以把舊的壞思想排擠出去；只要有意識地去改變自己才能真正達到目的。

每個人的性格中都有優點和缺點。自己要強調的是自己的優點還是缺點？我們靠什麼來生存下去？如果著重在弱點方面，將會越來越弱。如果強調的是優點，則將會越來越堅強和有自信。

克服弱點的第一步是學習如何接受自我。我們不能將自己的缺點與自我想像的弱點混為一談。大多數有自卑感的人總是把注意的焦點放在自我身上，也就是將目光放在缺點上。對不重要的事也以自我為中心來考慮，以為每個人都在注意這些事，其實並不是如此。有一些人以自己性格上的弱點，自認為這就是缺點，然後又費盡心機證明：「因為這個弱點，所以不能成功。」要解決這個問題，就必須先瞭解我們每個人都能成功、快樂和堅強。一旦選擇突出自己的長處和優點，自卑感便會消失，一種強而有力的能力便會取代原有的缺陷及弱點。

另一種普遍的缺點便是氣餒，介於成功與失敗之間的是氣餒。如果能多堅持一下，多努力一下，結果可能完全不同。但是氣餒常會使人在快要達到目標時放棄，如果再多堅持一下，便可以獲得成功。這是多麼的可悲啊！

積極心態的確能使人轉敗為勝，將弱點轉化為力量。使人轉弱為強的最有效的方法，是在人生中建立積極的信仰。

其實，一個人的生命可以變得更堅強、更快樂。當我們仔細研讀並應用各項原則後，內心便會有重大的突破。更堅強的信仰、深刻的理解和無畏的奉獻，將會開啟另一扇人生之門；不僅會讓人精力充沛，應付各種問題，還會有足夠的餘力和遠見，對許多人產生創造性的影響。

不會再有失敗、挫折、絕望，人生不會在瞬間變成輕鬆或浮華。人生是真實永恆的，有各種問題存在。以積極的心態去思考，去行動，就不會再被任何難題所阻撓。

第三章

當優點變成缺點

優點與缺點之間有條無形的線，當這條線在「度」的作用下，一旦被跨越時，優點也會變成缺點。無論是在人生中，還是事業上，千萬不要被名利迷昏了頭，小有滿足就浮躁。這樣，非但不能讓人進步，更會讓人從巔峰上重重摔下來。

優點也會變成缺點

習慣可以為人提供做事的捷徑，生活中的習慣雖然也可以節省時間和減少繁瑣的思考。另一方面，習慣卻也限制了一個人的思考模式，限制了智慧的潛力和發展的空間，讓人的生活成為機械化的程式，一成不變。

生活中有太多多餘的東西，諸如陳規陋習、阿諛奉承、虛情假意以及一些繁瑣的規矩、慣例、風俗等。但是，我們周圍的絕大多數人卻從未想過要對現有的做具體改善，甚至要拋開些什麼。人們似乎已經習慣去扮演某種角色，甚至難以選擇。

是的，習慣已經控制了我們的生活。每天早上固定時間，然後是吃早餐，準時坐車上班；工作時更是一些例行公事和習慣性的應對，包括與下屬吃飯、與客戶用餐、與其他部門主管餐敘等等；回家後的事情也是固定的，吃晚飯，看那些又臭又長的連續劇，然後睡覺。一旦有了固定的生活軌道和思考角度，可能只對自己的想法感到安全，無法接受別人的或者新的觀念，排斥異類。在不知不覺中，已經習慣讓別人遵循自己的方式來運作，符合你的速度了。

一項研究顯示，人們的精力有六〇％以上用於完成責任和遵循規矩上，大量的無建設性的、機械的步驟佔據了我們太多的時間和精力。看來，簡化生活已經成為必須的事情。

愛琳・詹姆絲是一位緊張忙碌而又生活得井井有條的上班族。有一天，她坐在自己的辦公桌旁，呆呆地望著寫滿密密麻麻事宜的日程安排表。突然，她對自己這張令人發瘋的日程表再也無法忍受下去了。自己的生活已經變得太複雜了，用這麼多亂七八糟的東西來塞滿自己清醒的每一分鐘，簡直就是一種瘋狂愚蠢的嘗試。就在這一刻，她做出了決定：她要開始簡單的生活。

她著手列出一份清單，把需要從她的生活中刪除的事情都列出來。然後，她採取了一系列大膽的行動。首先，她取消了所有預約電話。其次，她停止了訂閱的雜誌，並把堆積在桌子上的所有沒有讀過的雜誌都清除掉。她還註銷了幾張信用卡，以減少每個月收到的帳單函件。藉由改變日常生活和工作習慣，使得她的房間和草坪變得更加整潔了。

就像愛琳一樣，習慣驅使我們去做所有這些日常瑣事。我們總是擔心如果不去做，就會失去什麼東西。是的，也許我們的確會失去什麼東西，但是這沒什麼不好，我們還好好地活著。不僅僅是活著，而是活得更瀟灑了，因為我們再也用不著試圖去做所有的事情。

看看那些對人類的藝術、音樂、科學領域做出過卓越貢獻的人，畢卡索、莫札特、愛因斯坦這些人都生活在極為簡單的生活之中。他們全神貫注於自己的主要領域，挖掘內在的創造泉源，獲得了豐富多彩的人生。

所以，摒棄那些多餘的東西吧！不要讓自己迷失方向，貪婪地佔有只會荒廢掉大量的時間和精力，而這些時間和精力本來可以用在我們真正希望去做的事情上的。

做太多沒價值的歸檔工作

在工作中，將各種檔案資料保存起來原本是一件好事，但是當沒有價值的資料越積越多時，這種好事反而會變成壞事。當英國的馬科斯．史賓塞貿易公司做完它那著名的書面工作大清理的時候，結果發現是公司居然可以銷毀三分之二的資料。在新的制度建立並實施十年後，一位高級經理人員說：「這麼多年來，我記得只有兩次找不到我們所要的資料。」銷毀了好幾噸的資料之後，只付出這麼一點點的代價，當然是值得的。

各單位機構的檔案資料之所以如此繁多，主要是因為在我們決定要不要把某份資料歸檔的時候向自己提出了一個錯誤的問題。我們總是問自己：「我以後有沒有可能會參閱這項資料呢？」這時你的答案總是：「有的」（其實任何事情都是有可能的），因此我們就把每一份資料都歸了檔。

如果我們不問這個問題，而是問另外一個問題：「如果有一天我要用這項資料卻找不到，我將怎麼辦？」這時你的回答通常是：「找不到這項資料也沒有關係，總可以找到辦法」。但如果真的需要這項資料，通常總是會有些簡單的方法找到它。例如，為什麼要保存一份公司內部刊物呢？其實如果一份某一期刊，無所不包的網際網路上可找到上千條所需的刊物內容。人事部通知下個星期一放假，為什麼要把這項通告歸檔呢？只要在工作日誌上作一下記錄即可，然後把這份通告丟掉。萬一有什麼問題，也知道人事部的檔案中必然有一份，最壞的結果也只是再打個電話給人事部，請人再傳一份過來而已。

保存太多的記錄，是一種不安和自我防衛的症狀。這表示一個人不關注所要達到目標而僅注重表面形式，個人的想法只停留在過去而沒有針對現實。除非是在圖書館工作，否則部門的工作目標很少有可能是累積記錄，因此要遵守馬科斯・史賓塞公司的格言：「如果懷疑有用到的可能，就把它扔掉。」

現代辦公室的影印機、錄影機、影印機、電腦……所有這些以及許多與這些設置用途相同的現代科技產品只有一個共同的用途：複製、分發更多的資料，以供人們的頭腦吸收。但是卻沒有人想出辦法來增加人類頭腦的容量，以吸收更多的資料資訊。

不過，正如社會學家和經濟學家肯尼士．包汀所指出的：「**社會系統中最重要的要素，不是資料而是知識**。一部電腦所能做的只是處理資料。另一方面，知識的獲得多來自於資料，而不是資料的獲得。事實上，機構的功能即在於此，有人把機構稱之為廢紙簍系統。換句話說，就是阻止有些資料到達高層經理人員桌上的一種工具。否則，高層經理人員就會得到過多的資料。」

只要讓秘書把每一件顯然沒有價值的東西過濾出來，或在拆閱信件的時候多利用一下廢紙簍，就可以應付印刷品和郵件氾濫之災。那些不值得花時間去閱讀的刊物就立刻取消訂閱。不過那些送到你桌上的公司內部文件，有時候也是比較難於應付的。

內部文件過多的最常見的原因是：

一、主管沒有完全授權。如果部屬覺得他們沒有處理問題的權力，他們一定會轉呈給他們的主管，附帶送上詳細的資料，然後等待主管做決定。

二、公司只在乎程序而非目標進行管理。如果公司員工是依據他們遵守指示的程度，而不是依據他們達到目標的成果時，檔案就會大量增加，檔案報告的增加，就是用以證明大家遵守程序過程和表現。

要讓自己的部屬明白，你所希望知道的，只是他們努力達到目標的進度，以及需要你注意的問題。但是也要使他們明白，你不想受到過多資料的干擾。過多的例行資料，會讓人無法將精力集中於那些重要而緊急的計劃上。

另外，保存太多的記錄是一種心理不安的徵兆。算算看，要多久才會用到一次已經歸檔的各式各樣的資料。試著把每一類資料拿出來，問問你自己：「如果沒有這份檔案的話，最壞的情形會怎麼樣？」你會發現大部分的答案會是：「沒有什麼了不起的事情會發生」。如果真的需要某一份資料，也許在公司其他部門或某一個人的檔案中就可以找到；或者打一個電話就可以解決問題；或者沒有這項資料也過得去。

當然，我們並不是說詳實的檔案就毫無用處，但問題是它們是不是那麼有用，是否值得我們花那麼多時間和精力去彙集、整理、歸檔和保存。自己可以估算一下，把公司的舊通報、一般公文、別人簽呈的副本等等，都進行歸檔要花多少時間，然後問你自己，如果把同樣多的時間花在執行主要的工作目標上，對公司是不是更有益處。

過度依賴備忘錄

在工作時，檔案處理完畢後，還要花點時間做所謂的備忘錄。現在我們很多人喜歡給自己留個備忘錄，也喜歡給他人發送備忘錄。

寫備忘錄可能是最浪費時間的事。不但要花時間來口授、打字、校對、重打、分發、閱讀、回覆以及歸檔，還會造成其他相關的問題。這樣常常會鼓勵拖延，例如，如果寫一份說明正在開展某一項工作的備忘錄，這樣會欺騙自己，會以為事情已經開始進行，也已經採取了一些行動，不需要再大力去推動，結果反而延誤了執行的進度。

此外，這種文字溝通常常是單向的。除非別人願意當面回答，否則就得不到所需要的回饋—做出反應、提出問題、建議，表示異議，也就不知道自己的看法是否切合實際，別人是否瞭解。

另外還有一點，人們有時用簡短的文字是無法將某一事情交代清楚的。文字是一種永久的記錄，書寫時人們往往小心翼翼。例如，如果要別人寫份備忘錄評估某人的工作，如果過於相信書面人事報告，那可能就失真了。如果想得到更實在的評估，可以藉由當面交談或電話詢問或其他的評核方式，以免過於主觀與偏頗。

因此，要避免用備忘錄來交流、商議、達成共識。備忘錄一般只用來宣佈、證實、澄清、提醒某件事。

想法太多主業失焦

這個世界總是為那些有目標的人準備著成就的路徑。如果一個人有目標、有對象，曉得他自己向著何處前進，那麼，他就比那些遊移不定、不知所從的人更有成就。沒有目標，就不能有前進的方向。紐約國立化學銀行的副總經理蔣石東先生曾經這樣說：「如果你不知道你是往何處去，便不會到達什麼特殊的目的地。」

但想法太多，或者要想實現的目標太多，跟沒有想法沒有目標其實是一樣的有害。褐色皮膚、英俊瀟灑的泰生從小就是游泳健將，經常參加比賽。「從很小開始，別人就從兩方面來看我們。」他說，「一方面看我們是誰，一方面看我們有何表現。我總是因為比賽成績好而獲得誇獎。」

於是泰生不斷追求成功。他的事業從一棟建築物開始，然後變成兩棟，最後名氣越來越響亮，業務不斷擴充發展。最後，泰生的事業擴張到自己都弄不清楚究竟涉足了多少行。「我兼營製造業、仲介業務、管理事業、旅館經營、公寓改建等，每一種行業我都想插手。我非常興奮，不知道什麼是自己做不到的，所以不斷試探自己能力的限度。我常在早上起床看見自己的名字登在報紙上，感覺很舒服。然後再看一遍，感覺更舒服。」

有一天，銀行打電話通知他的公司，貸款寬限期已到期，要求償還貸款，泰生就這樣垮了。剛開始泰生責怪每一個人，把錯誤歸咎於銀行、社會經濟形勢或公司員工身上。最後，他自我反省：

「我知道自己太自私了，我走得太快、太遠，不知道自己的能力有一定的限度。面對新的機會時我不說：『這類生意我不做。』反而說：『為什麼不做？我什麼生意都做。』我就是太好大喜功。由於每一件事都想做，結果無法把精神集中在某一件事情上面。」

泰生沒有分辨清楚事情的輕重緩急，他後來重定目標，選擇擅長的行業，集中精神去做。

泰生最擅長的是房地產開發，經過幾年的專心經營，終於逐漸有了起色。現在他再度成為紐約的百萬富翁，只不過對自己能力的限度瞭解得更清楚了。

他認為，如果現在我有這樣的想法：「經營健身俱樂部的生意好像很不錯？」我會馬上阻止自己說：「誰要去做這種生意？我有我的賺錢行業，根本不需要做這種生意。讓別人去做好了。」

一個人的能力與精力是有限的，想法、目標太多只會給自己增加負擔，泰生的例子就是很好的證明。要想有所成就，就一定要扔掉這些負擔，那就得從一個具體的目標和對象開始。

個性決定命運

我們知道，雪花是獨一無二的，沒有任何兩朵雪花是相同的，你的指紋、聲音和DNA也是如此。因此可以肯定，每一個人都是獨一無二的人。然而，儘管我們知道，歷史上從來沒有完全像我們一樣的人存在過，但是我們怎樣與別人區別開來，你是你而我是我。這就要看我們的個性。

遺憾的是，大多數人個性並不鮮明，因而大多數人往往庸庸碌碌、平平凡凡。沒有特殊的個性，一個人就不會有特殊的人生與成就。

個性是能否吸引人的關鍵所在。個性簡單地這麼說：就是個人的特點與外表的總和，這些也就是人與人所不同的地方。所穿的衣服，臉上的線條、聲調、思想、品格等等，這一切構成一個人的個性。

一個人的個性很複雜，但還是可以從下面幾個方面切入，看看自己的個性如何。

一、理智特徵。比如，有人善於獨立思考，有人則只會照抄模仿；有人聯想豐富，有人卻要受別人的啟發和提示。

二、情緒特徵。比如，有人經常處於歡樂之中，有的人常處於憂鬱之中。

三、意志特徵。比如，有的人做事目標明確，有主見，有主動性和自制力，果斷、堅定、有恆心、毅力；有的人則膽小怯懦，易受暗示，缺乏恒心和應有的魄力。

四、對現實的態度如何。比如，有的人善於交際，對工作勤懇、認真；有的人則行為孤僻，對工作粗心而不負責。

不管個性是好是壞，千萬要記住，你個性中最重要的一部分，是品格所代表的那一部分，也就是從外表上看不出來的那一區塊。一個人的個性美，真正的體現在這一部分上面。對於個性，我們無法下結論說，什麼樣的個性一定好，什麼樣的個性一定差。個性當中有各種各樣的品格，對此很難做出褒貶評價。

對於一個人而言，可悲的事就是沒有個性。西方有句名言：「性格即命運。」我們也可以說個性決定命運。沒有個性或者說太過平庸的個性都不能有所建樹，因為這樣的人，不能把自己獨特品格表現出來，因而也就沒有任何過人之處。與此相反，個性鮮明的人，往往有所專長，成就不凡的事業。

生活態度太嚴肅

怎樣做人是一門學問，甚至是一門用畢生精力也未必能勘破個中因果的大學問，多少不甘寂寞的人，上窮碧落下黃泉，試圖領悟人生真諦，塑造輝煌的人生。然而人生的複雜多變性，卻使人們不可能在生命有限的時間裏洞明人生的全部內涵，但人們對人生的理解和感悟又往往發生在事件的啟迪上，比如：生活態度便是其中一種，這正是有人活得瀟灑，有人活得累的原因之所在。

做人固然不能玩世不恭，遊戲人生，但也不能太嚴肅，不懂變通。「水至清則無魚，人至察則無友」，太認真了，就會對什麼事物都看不慣，連一個朋友都容不下，把自己和社會隔絕開。鏡子很平，但在高倍放大鏡下，就成凹凸不平的山巒；

肉眼看很乾淨的東西，拿到顯微鏡下，滿眼都是細菌。試想，如果我們「戴」著放大鏡、顯微鏡生活，恐怕連飯都不敢吃了。再用放大鏡去看別人的缺點，恐怕沒有人不是罪不容誅、無可救藥了。

人非聖賢，孰能無過。與人相處就要互相體諒，經常以「難得糊塗」自勉，求大同存小異，有肚量，能容人，如此才會有許多朋友，左右逢源，諸事遂願；相反，「明察秋毫」，眼裏容不下半粒沙子，過分挑剔，什麼雞毛蒜皮的小事都要爭個是非曲直，容不得人，只會讓別人敬你而遠之，最後，只能關起門來「稱孤道寡」，成為人人避之唯恐不及的異類。古今中外，凡是能成大事的人都有一種優秀的品質，就是能容人所不能容，忍人所不能忍，善於求大同存小異，團結大多數人。他們極有胸懷，豁達而不拘小節，大處著眼而不會目光如鼠，從不斤斤計較，糾纏於非原則的瑣事，所以他們才能成大事、立大業，使自己成為不平凡的人。

但是，如果要一個人真正做到不計較、能容人，也不是簡單的事，首先要有良好的修養、善解人意的思考方式，並且要能從對方的角度設身處地的考慮和處理問題，多一些體諒和理解，就會多一些寬容，多一些和諧，多一些友誼。想一想，天下的事並非一人所能包攬完成的，何必為了一點點漏失便與人生氣呢？若變換一下處境，挨罵的人也許就理解了主管的急躁情緒。

有位同事總抱怨他們家附近超市結帳員態度不好，像誰欠了她幾百萬元似的，後來同事的妻子打聽到了結帳員的遭遇：丈夫有外遇而離了婚，老母癱瘓在床，上小學的女兒患哮喘病，每月收入幾乎不夠支出，一家大小住在一間十二坪大小的房子，難怪她一天到晚愁眉不展。這位同事從此不再計較她的態度了，甚至還想幫她的忙，為她做些力所能及的事。

另外，在公共場所遇到不順心的事，實在不值得生氣。素不相識的人冒犯你肯定是別有原因的，只要不是侮辱了人格，其實大可不必計較，不要引以為意，要以柔克剛，曉之以理。另外，對方的冒犯從某種程度上是發洩和轉嫁痛苦，雖說我們沒有分攤他痛苦的義務，但確實幫助了他，無形之中做了件善事。這樣一想，就自在多了。

清官難斷家務事，在家裏更應睜一隻眼閉一隻眼，否則每天都有吵不完的架。老婆孩子之間哪有什麼原則、立場的大是大非問題，都是一家人，凡事不需追根究底，分出個對和錯來，那又有什麼用呢？人們在公司、在社會上扮演著各式各樣的制約化角色，恪盡職守的公務員、精明幹練的企業家，還有廣大的上班族，但一回到家裏，脫去西裝革履，也就是脫掉所扮演的這一角色的「行頭」，還原了本來面目，你應盡可能地享受天倫之樂。假若在家裏還跟在社會上一樣認真、一樣循規蹈矩，每說一句話、做一件事還要考慮對錯、妥當與否，顧忌影響、後果，考量再三，那不僅可笑，也太累了。要知道，在家裏不是丈夫就是妻子。所以，在處理家庭瑣事時要採取「綏靖」政策，安撫為主，大事化小，小事化無，當個笑口常開的和事佬。具體說來，身為丈夫的要寬厚，在錢務方面睜一隻眼閉一隻眼，越馬虎越得人心，妻子給娘家偏心點，是人之常情，根本就別往心裏去計較，那才能顯現出風度。妻子對丈夫的懶惰等種種難以容忍的缺點，也應採取寬容的態度，切忌嘮叨起來沒完，嫌他這、嫌他那，也不要偶爾丈夫回來晚了或有女性來電話，就給臉色看，鼻子不是鼻子、臉不是臉的審個沒完。看得越緊，叛逆心理越強。索性不管，讓他瀟灑去，看有多大本事，外面的情感世界也自會給他教訓，只要是個自信心強、有性格有魅力的女人，丈夫再花心思也不會與你隔斷心腸。就怕對丈夫太「認真」了，讓他感到是戴著枷鎖過日子，進而產生厭倦，那才真正會產生危機。家裏是避風的港灣，應該是溫馨和諧的，千萬別把它演變成充滿火藥味的戰場，狼煙四起，雞飛狗跳。

有位智者說：「大街上有人罵他，他連頭都不回，因為他根本不想知道罵他的人是誰。」因為人生如此短暫和寶貴，要做的事情太多，何必為這種令人不愉快的事情浪費時間呢？這位智者的確修煉得頗有火候了，知道該做什麼和不該做什麼，知道什麼事情應該認真，什麼事情可以不屑一顧。要真正做到這一點是很不容易的，需要經過長期的修煉。如果我們明確了哪些事情可以不認真，可以敷衍了事，我們就能騰出時間和精力，全力以赴認真地去做該做的事，我們成功的機會和希望就會大大增加；於此同時，由於我們變得心胸寬廣，人們也會樂於與我們交往，我們的朋友就會越來越多。事業的成功伴隨著社交的成功，應該是人生的一大樂事。

切忌以貌取人

第一印象的重要性是不容否認的，以外表判斷他人也是人之常情。在選擇朋友時的確很容易因為印象的好壞而影響到情感的投入，然而，這卻很容易造成偏差。

俗話說：「人不可貌相」，但現實生活中，整潔的人的確比骯髒的人，看起來舒服得多了。外表如果讓人不舒服，多多少少會影響到內心的喜惡。我們平常也會用這樣的話來形容別人的長相：「那個人一臉鬍子，長得像土匪！」、「那個人一臉奸詐，看起來像是個壞人。」這些都是由外觀所下的判斷。

人的長相是與生俱來的，並非是自己的希望或責任。如果只是從遠處看對方就表示：「我總覺得那個人看起來很討厭！」那只是表示了你是個氣度狹小的人。

以日本人和中國人為例。日本人的長相有些是身材矮小、肩膀狹窄、上額突出，可以說是其貌不揚。而中國人大多是身材高壯、相貌堂堂。就外表比起來，日本人自然是比不上中國人。因此，和日本人初次見面的第一次印象有時不太好，甚至有些人在看到日本人的時候，還會嫌棄一番：「怎麼長得這麼醜！」然而，日本人卻是創造世界經濟奇蹟的成功者。在他們其貌不揚的外表之下，他們有著深謀遠慮的思考力及頑強的奮鬥精神。諸葛亮的妻子黃氏據說長得很醜，但是就才學來講，諸葛亮還需要常向她請教治國方略。

很多人不都是衣冠楚楚嗎？在和人交往的過程中，千萬不可以貌取人。尤其是女性中，長相甜美的女子，並不一定是聰明或善良的人；相反有些其貌不揚的人，由於內心的自卑反射，便加倍努力地充實自己，反而成為一個有內在美的可敬愛的人。在發展人際關係上，內心善良、學識豐富的人，才是值得交往的人。如果不能開闊胸襟來接受這些有智慧的朋友，只知結交俊男美女，那你就稱不上是交際手腕高明的人了。

開玩笑要適可而止

幽默的人一般都心懷善意，他們想做的只不過是要多給人增加一份快樂而已。但無論如何，幽默也有傷人的可能，其界限是很難界定的。開玩笑，必須隨時記住這一點：即適可而止，否則一步走錯弄巧成拙便得不償失。

如女人開男人的玩笑，最值得注意的，也許是自尊心的問題吧！自尊心是不容人刺傷的，所以若是要開玩笑，應儘量開自己的玩笑！許多高明的幽默，一定要指著自己來說！萬一說了過分傷人的話，一定要誠心誠意地道歉，不能夠就此放任不管。

相反的，當自己被開了過分的玩笑時，一定要當做是開玩笑而已。如此一來，對方也會不好意思。遇到這種事時，胸懷千萬要寬大。另外，開玩笑時要注意如下幾點：

一、注意格調。玩笑應該有利於身心健康，增進團結，摒棄低級庸俗。

二、講究方式。也就是要因人而異，對性格開朗、喜歡說笑的人，開些「國際玩笑」也無妨，而對性格內向、少言寡語的人，一般不要過分地開玩笑。

三、掌握分寸。俗話說，凡事有度，適度則益，過度則損。

四、避人忌諱。幾乎每個人都或多或少地有自己的忌諱，所以在開玩笑時一定要小心避之。

當然，也有極少數人利用幽默的形式專講刻薄話，既傷人又損己，他們專門去打擊別人的自尊心，毫不在乎地講出對方所「耿耿於懷」的話。例如：有關別人的命運、他們所生長的社會環境、有關他們雙親在社會上的地位或者他們的職業等等。不妨設身處地的想一想，如果自己被如此講的時候，心裏將有何種的感覺呢？這個問題實在有深思的必要。

杞人憂天不可取

在人生的旅途中，曾經有過杞人憂天的經驗嗎？舉個例子來說：假設有一天早晨起得太晚，你不禁會想：「糟糕！起得太晚了，一定會碰上大塞車，上班肯定會遲到。如果到得太晚，老闆肯定會對我不高興；要是他氣炸了，說不定會要我走人。萬一我失業了，房屋貸款、還有一大堆等著支付的信用卡帳單該怎麼辦？要是不能及時找到工作的話，不但信用破產，房子也會被查封。房子如果沒了，我要往哪兒去？沒錢又沒地方可去，我一定得挨餓，搞不好還會橫死街頭呢！而這些都是起因於今天這麼晚起！」

也許會覺得這一路推演下來未免太誇張了點，沒錯，是稍嫌誇張了點，不過，有類似這樣的杯弓蛇影的人絕不在少數。

雖說適當的恐懼感可以成為促使我們奮發向上的動力，但是，過度恐懼卻不是一件好事，只會讓我們成天憂心，久而久之成了習慣，甚至於內化成積重難改的缺點，變成無事不憂、無事不慮，反而綁手綁腳，什麼事也不敢做。

如果凡事能夠退一步想，不要那麼汲汲鑽營，憂慮就會減輕不少。以前面的例子來說，雖然遲到了，也可以安慰自己：說不定趕上班的人今天都起早了，一路過去都暢通無阻……

反正對於未可知的事，所有猜測都是機率問題。以統計學來說，最壞和最好的情況出現的機率都是微乎其微的，同時它們的機會也大致一樣。

所以不必擔心，更何況如果最壞的結果真得被料到了，又能怎麼辦？能夠改變它嗎？

所以說，與其一顆心七上八下的，倒不如及早規劃一下如何亡羊補牢，甚至是另謀解決之道。

不過，有時候別人（或者是整個大環境）會懷疑我們的價值，所謂三人成虎，久而久之，連我們都會對自己的重要性感到懷疑。請千萬千萬不要讓這類事情發生在自己身上，否則會一輩子都無法抬起頭來。

記住！每個人都有權力去相信自己，請不要杞人憂天。

千萬不要「不好意思」

「不好意思」在現代社會中是一種所謂的禮貌語言，其實在日常生活中「不好意思」的缺點還真不少。但如果你處處都「不好意思」，恐怕就麻煩了。

事實上，「不好意思」是一種個人的習慣，像有些事根本與道德、羞恥無關，別人也不認為做了這種事應「不好意思」，但有些人就是不敢做，例如追求女朋友，有人就會「不好意思」，這種「不好意思」就是自己想的，而不是別人想的。

當今世界，人人暴露慾望，個個展現實力，慢一步就沒有了機會，因此面臨生存競爭，所以應該認清「不好意思」的真正原因，大膽地表現自己的想法，並採取必要的動作，否則自己的「不好意思」，反而被別人笑笨，尤其以下三件事，絕對不能「不好意思」。

關於自己的事，千萬不可「不好意思」，應該大方大膽地爭取、維護，如果因為「不好意思」而喪失權益，是不會有人感激的。

想拒絕的事，很多人就因為同事、朋友、親戚的關係而不好意思拒絕，於是借錢給別人、為了做保、甚至冒險為其「兩肋插刀」。結果一句「不好意思」，幫了別人，害了自己。

該要求的事，很多人就因為「不好意思」，而有很多話「不好意思」說，結果事情做不好，對方得不到好處，也苦了自己。尤其是當主管的，在工作上絕對不可以「不好意思」要求，否則將有虧職守。

這幾件事如果能做到不會「不好意思」，在人性叢林裏就不會有生存的問題了。

不過，「不好意思」的缺點去除不是很容易，只能慢慢學習，逐步改善，只要願意，也就能瞭解生存競爭的殘酷，經過一段時間後，自然就不會動不動就「不好意思」了。

對熟人不可太放肆

現實生活中，許多人交友處世常常習慣認為：熟人之間彼此瞭解，親密信賴，如兄如弟，財物不分，有福同享，講究客套太拘束也太見外了。其實，他們沒有意識到，熟人關係的存續是以相互尊重為前提的，容不得半點強求、干涉和控制。

熟人之間再熟悉，再親密，也不能隨便過頭，不講客套，這樣，默契和平衡將被打破，友好關係將不復存在。和諧深入的交往，需要充沛的感情做潤滑，這種感情不是矯揉造作的，而是真誠的自然流露。我國素稱禮儀之邦，用禮儀來維護和表達感情是人之常情。當然，我們說熟人之間講究客套，並不是說在一切情況下都要僵守不必要的繁瑣的禮儀，而是強調好友之間相互尊重，不能跨越對方的禁區。

對熟人放肆無禮，最容易傷害熟人，不能不小心約束：

一、彼此不分，違背默契，使熟人對你產生防範心理。

熟人之間最不注意的是對熟人物品處理不慎，常以為「熟人之間何分彼此」，對熟人之物，不經許可便擅自拿用，不加愛惜，有時遲還或不還，一次兩次礙於情面，不好意思指責，久而久之會使熟人認為過於放肆，產生防範心理。實際上，熟人之間除了友情，還有一種微妙的默契關係。以實務而言，熟人之物都可隨時借用，這是超出一般人關係之處，然而對彼此之物首先有一個觀念：「這是熟人之物，應當加倍珍惜。」「親兄弟，明算帳。」注重禮尚往來的規矩，要把珍重熟人之物看做如珍重友情一樣重要。

二、過度表現，言談不慎，使熟人的自尊心受到挫傷。

也許和熟人之間無話不談，十分投機。也許你的才學、相貌、家庭、前途等等令人羨慕，高出熟人一等，這使得不分場合，尤其與熟人在一起時表現自己，言談之中會流露出一種優越感，而使熟人感到你居高臨下對他說話，是有意炫耀抬高自己，讓他的自尊心嚴重受損，不由產生敬而遠之的意念。所以，在與熟人交往時，要控制情緒，態度謙遜，虛懷若谷，把自己放在與人平等的地位，注意時時想到對方的存在。

三、不識時務，反應遲緩，使熟人大為反感。

當拜訪熟人時，若遇上熟人正在讀書進修，或接待客人中，或準備外出等，自恃交情不同，不顧時間場合，不理熟人臉色，喧賓奪主，不管主人早已如坐針氈和不耐煩了。這樣，朋友一定會覺得你太沒有教養，不識時務，不近人情，往後能避則避，害怕你再打擾他的私生活。所以，碰到這種情況，一定要迅速反應，稍微寒暄幾句就知趣告辭，珍惜熟人的時間和尊重熟人的私生活如同珍重友情一樣可貴。

四、乘人不備，強行索求，使熟人覺得被勒索、擺道。

當你有事需求人時，熟人當然是第一人選，若事前不先通知，臨時登門提出所求，或不顧熟人是否情願，強行拉他一同參加某項活動，這都會使熟人感到左右為難；如果人家已有活動安排不便改變就更難堪。對你所求，若答應則打亂自己的計劃，但拒絕在情面上又過意不去。或許他表面樂意而為，但心中就有萬分不情願，認為你太霸道，不講道理。所以，在對熟人有求時，必須事先告知，採取商量口吻溝通，儘量在熟人無事或情願的前提下提出所求，己所不欲，勿施於人。

五、任意反悔，不守約定，使熟人失去對你的信賴感。

也許不那麼看重熟人間的某些約定，對於熟人們的約會總是姍姍來遲，對於熟人的請託當時爽快答應，過後又中途變卦。也許真有事情耽誤了一次約好的聚會或沒完成熟人相託之事，也許你事後輕描淡寫地解釋，認為熟人之間應當相互諒解寬容，區區小事何足掛齒。雖然他們當面不會指責，但必定會認為你不在乎彼此之間的友情，是在逢場作戲，是反覆無常、不可信賴之輩。

所以，對熟人之約或請託，一定要慎重對待，遵時守約，要一諾千金，切不可言而失信。

六、過於散慢，不拘小節，使熟人對你心生輕蔑、反感。

熟人之間，談吐行動理應直率、大方、親切、不矯揉做作，才顯得出自然本色。但過於散漫，不重自制，不拘小節，則讓人覺得你粗魯庸俗。也許你和一般人相處會以理性自約，但與熟人相聚就忘乎所以；或指手畫腳，或信口雌黃，或在熟人言語時肆意打斷，譏諷嘲弄，或顧盼左右，心不在焉，因此熟人會覺得不受重視，自然對你產生一種厭惡輕蔑之感，改變了對你的原來印象。所以，在熟人面前應自然而不失自重，熱烈而不失態，做到有分寸，有節制。

七、過於吝嗇，斤斤計較，使熟人認為你是慳吝之人。

你可能在擇友交友時，認為熟人以友情勝於一切，何必計較金錢得失，金錢不能使友情牢固。這種想法使你與熟人相處時顯得十分小氣，事事不出分文；或患得患失，唯恐吃虧。對熟人所饋慨然而受，自己卻一毛不拔，這會使熟人感到你視財如命，是個慳吝之人。所以熟人之交，過於吝嗇顯得慳吝小氣，而慷慨大方則顯得豪爽大度，它會使友情牢固。

小有滿足就浮躁

在人生的旅途中，許多人認為目標制定出來了，就可以安心躺下睡覺，但事實上，制定目標不應該只有一次，因為周圍的環境在變，個人的觀點也在變。對於定出來的目標，應該時時加以檢查，以發展的眼光來評估、調整。

許多人只知埋頭苦幹，卻不知所為何來。到頭來發現，追求成功的階梯搭錯了邊，因此我們務必掌握真正的目標，撥準心中的羅盤，在擬定目標的過程中，要時常留出一些時間，用於思考、評估、修正自己目標。不要讓工作僵化了自己的頭腦，不要讓自己看不清目標。要記住，努力和調整好目標一樣重要。

評估、修正目標要謹慎小心。目標多變同樣會帶來災難。什麼時候變，什麼時候不變，都要根據各方面的情況而定，在制訂評估，修正目標時，應注意下列問題：

一、能想像自己做出的最偉大的事情是什麼？

二、有什麼才華和天賦？什麼東西能做得最出色，或比自己的朋友更出色？

三、自己的激情在哪一方面？有什麼事物特別讓自己內心激動，讓自己分外有衝勁去完成？如果有，是什麼？

四、個人的經歷有什麼與眾不同？這些經歷帶給自己什麼？

五、周圍的環境在近五年來發生了什麼顯著的變化？這些變化對自己的目標有什麼影響？

六、什麼樣的人曾給過自己很大的幫助？在你實現目標的過程中，他們的分量有多大？

在給自己定下目標之後，目標就從兩個方面開始發生作用：它是努力的依據，也是對自己的鞭策。努力實現一定的目標，就會有成就感，而如果無法知道向目標靠進了多少，就會洩氣，甚至於放棄不做。所以千萬不可小有滿足就浮躁。

正確對待他人的讚美

在生活中，當我們被別人讚美的時候，要想到，別人拍自己馬屁的因素是多方面的，因為愛，就會有偏袒；因為害怕，就會有不顧事實的討好；因為有求於人，便會有虛誇。歷史上，因為不能正確對待他人讚美而導致失敗的例子不勝枚舉，最令人扼腕歎息的恐怕就是王安石筆下方仲永了。

金溪縣有個叫方仲永的人，他家世世代代以種田為業。方仲永長到五歲時，便能作詩，並且詩的文采和寓意都很精妙，值得玩味。縣裏的人對此感到很驚訝，有的還拿錢給他們。他父親認為這樣有利可圖，便每天拉著方仲永四處拜見縣裏有名望的人，表演作詩，卻不把握時間讓他多學習。到最後，方仲永已與眾人無異。他的聰明才智最終被完全扼殺了。

和方仲永不同的是，世界上越是偉大的人物，越能夠清楚地認識自己的成功，對待他人的讚美，往往表現出謙虛謹慎的態度，有的甚至還很反感別人讚美他。英國首相邱吉爾就是一個例子。

在第二次世界大戰中，邱吉爾對英倫之護衛有卓越功動，戰後在他退位時，英國國會擬通過提案，塑造一尊他的銅像，置於公園讓眾人景仰。

一般人享此殊榮，高興還來不及，邱吉爾卻一口回絕。他說：

「多謝大家的好意，我怕鳥兒喜歡在我的銅像上拉糞，還是請免了吧。」

偉大的人物、不世的功勳只有靠人心才記得住。建造塑像，不見得會使自己的形象更加偉大，除了鳥兒在上面拉糞外，也許有一天還會有礙觀瞻呢。

牛頓，這位傑出的學者、現代科學的奠基人，他發現了萬有引力定律，建立了成為經典力學基礎的牛頓運動定律，出版了《光學》一書，確定了冷卻定律，創造了反射望遠鏡，還是微積分學的創始人……成就過人，可是當聽到朋友們稱他為「偉人」時，卻說：「不要那麼說，我不知道世人會怎麼看我。不過我自己只覺得好像一個孩子在海邊玩耍的時候，偶爾撿到幾個光亮的貝殼。但對於真正的知識大海，我還是沒有發現完呢？」有這樣謙遜好學，永不滿足的精神，牛頓的成功是必然的！

古今成大事業、大學問者，正是因為有了能夠正確對待他人讚美的態度和謙遜好學精神，才達到人生的光輝頂點。

就企業的發展而言，也是如此。現在，沒有一家企業能自外於社會而存在的，它在前進過程中總是不斷需要社會的關注與回饋，不管是正面的還是反面的。但現在的許多報刊、電視往往在企業成功時，不惜在版面做錦上添花的吹捧，卻將缺點掩蓋起來。這樣其實是將企業置於溫室中，無形中喪失了自身免疫力，一旦企業患感冒發燒什麼的，便一發不可收拾，這種情況值得我們的企業家和創業者深思。

別被榮耀迷昏了頭

美國有家羅伯德家庭用品公司，八年來生產迅速發展，利潤以每年一八%—二〇%的速度增長。這是因為公司建立了利潤分享制度，把每年所賺到的利潤，按規定的比率分配給每一個員工，也就是說，公司賺得越多，員工也就分得越多。員工明白了「水漲船高」的道理，人人奮勇，個個爭先，積極生產自不用說，還隨時隨地的挑剔產品的缺點與毛病，主動加以改進。

俗話說：有福同享，有難同當。當你在工作和事業上取得些成績，小有成就時，這當然是值得慶賀的一件事情。但是有一點，如果贏得這成績是集體的功勞，或者離不開他人的幫助，那千萬別把功勞據為己有，否則他人會覺得你好大喜功，搶佔了他人的功勞，如果某項成績的取得確實是個人的努力，當然應該值得高興，而且也會得到別人對你的祝賀。但是你一定要明白，千萬別高興的過了頭，因為可能會無意傷害到別人；另一方面，現實社會中眼紅人不少，如果過分狂喜，能不逼得人家想分一杯羹嗎？

有一位拉森先生，他是一家出版社的編輯，並擔任關係企業的一本雜誌的主編。平時在公司裏上上下下關係都不錯，他也還算小有才華，工作之餘經常寫點東西。有一次，他主編的雜誌在一次評選中獲了大獎，他感到十分榮耀，因此逢人便提自己的努力與成就，同事們當然也向他表示祝賀。但過了一段時間，他卻失去了往日的笑容。他發現單位同事，包括他的主管和屬下，似乎都在有意無意的和他過意不去，並迴避著他。

拉森為什麼會遇到這種結局？其實原因很簡單，他犯了「獨享榮耀」的錯誤。就事論事，這份雜誌之所以能得獎，主編的貢獻當然很大，但這也離不開其他人的努力，他們當然也應分享這份榮耀。他們不會認為某個人才是唯一的功臣，總是認為「沒有功勞也有苦勞」，所以這位主編「獨享榮耀」，當然會引起別人的不滿，尤其是他的主管，更會因此而產生一種不安全感，害怕他功高震主。

所以，當在工作上有特別表現而受到別人肯定時，千萬要記住一點：要分享。否則這份榮耀會給自己的人際關係帶來障礙。獲得榮耀時，應該做到以下幾點：

一、與人分享

即使是口頭上的感謝也算是與他人分享，而且也可以讓更多的人一起分享，反正說幾句話也沒什麼損失！當然別人並不是非得要分一杯羹不可，但主動與人分享，這讓別人覺得自己受到尊重，如果個人的榮耀事實上是眾人協力完成，那更不應該忘記這一點。有多種與他人分享的方式，如請大家喝杯咖啡，或請大家吃一頓飯。吃人嘴軟，拿人手短，別人分享了你的榮耀，就不會為難你了。

二、感謝他人

要感謝同仁的協助，不要認為都是自己一個人的功勞。尤其是要感謝主管，感謝他的提拔、指導。如果事實正是這樣，那麼本該如此感謝；如果同仁的協助有限，主管也不值得恭維，那你的感謝也就更為必要，雖然顯得有點虛偽，但卻可以避免成為他人的箭靶。為什麼很多人上台領獎時，他們首先要講的話就是：「我很高興！但我要感謝……」，就是這個道理。這種「口惠而實不至」的感謝雖然缺乏「實質」意義，但聽到的人心裏都能很愉快，也就不會遭忌了。

三、為人謙卑

有些人一旦獲得榮耀，就馬上忘乎所以，並從此自我膨脹。這種心情是可以理解的，但旁人就遭殃了，他們要忍受你的囂張，卻又不敢出聲。慢慢的，他們會在工作上有意無意地讓你為難，讓你碰釘子。因此有了榮耀時，要更加謙卑。不卑不亢不容易，但「卑」絕對勝過「亢」，就算「卑」得過分也沒關係，別人看到你如此謙卑，當然不會找你麻煩，和你作對了。

當獲得榮耀時，對他人要更加客氣，榮耀越高，頭要越低。另一方面，別老是說起你的榮耀，說得多了，就變成了一種自我吹噓，既然別人早已經知道你的功勞，那又何必經常提起呢？其實，別獨享榮耀，因為榮耀會讓別人產生一種不安全感。當你獲得榮譽時，去感謝他人、與人分享、為人謙卑，這正好讓他人吃下了一顆定心丸，人性就是這麼奇妙。如果習慣了獨享榮耀，那麼總有一天會獨吞苦果！

第四章

成功者如何改進自己的缺點

缺點是洪水，缺點是猛獸，如果不加以預防與控制，那麼，一生的幸福與前程極有可能因此而斷送掉。然而，要想改進自己的缺點，就得勇於改正自己的錯誤，並將「永不放棄」放在心上，即知即行，才能化缺點為優點。

別跟著他人的腳步走

美國人布曼和巴克先生同在一家廣告公司工作，負責調查業務。由於不願長期寄人籬下，他們倆合資自己做老闆，開一家餐飲店，專營漢堡生意。

當時漢堡店櫛比鱗次，競爭激烈，如何才能在競爭中立於不敗之地呢？他們做了一番市場調查，結果發現，大多數飲食店為爭取顧客，爭相出售大型漢堡。而美國人近年流行減肥和健美，一些怕肥胖的人不敢多吃，常常將吃剩的漢堡扔掉，造成極大的浪費。一些店家也製作多種口味的漢堡來吸引顧客，但效果都不理想。

於是，布曼和巴克決定改變漢堡的規格來贏得顧客，結果他們一舉成功。原來他們銷售的漢堡，體積僅有其他大漢堡的六分之一，稱之為迷你型漢堡。這種漢堡符合了人們少吃減肥的需要，一時成為熱銷食品，使他們二人獲得豐厚的利潤，五年後，餐飲店已擴展為餐飲公司，有十家分店。

跟著別人的腳步走，是走不快和不遠的，因而，失敗的人要多多思考，走出舊框框，創出新特點。

美國紐約國際銀行在剛開張之時，為迅速打開知名度，曾做過這樣的廣告：一天晚上，全紐約的廣播電視正在播放節目，突然間，全市的所有廣播，都在同一時刻向聽眾播放一則通知：聽眾朋友，從現在開始，播放的是由本市國際銀行向您提供的沈默時間。緊接著，整個紐約市的電台就同時中斷了十秒鐘，不播放任何節目。一時間，紐約市民對這個莫名其妙的十秒鐘議論紛紛，於是「沈默時間」成了全紐約市民最熱門的話題，國際銀行的知名度迅速提高，很快家喻戶曉。

國際銀行的廣告策略的巧妙之處在於，它一反一般廣告手法，沒有在廣告中播放任何資訊，而以全市電台在同一時刻的十秒「沈默」，引起了市民的好奇心理，造成討論話題，使國際銀行的名聲不脛而走，達到了一夕成名的效果。

勇於改正自己的錯誤

承認錯誤是一種勇氣，一種智慧。肯定自己的能力和信心將能無限地提高我們的工作效率，如果沒有錯誤，成功就在眼前。可是誰敢保證錯誤不就在轉身之處？

創建於十九世紀的彭尼公司，原來只是一家小雜貨店，創始人彭尼苦心經營，生意日漸興隆。到了一九四〇年，公司已擁有資金四．〇九億美元了，連鎖店的數目達到一千五百八十六家，即使是在經濟大蕭條時代，彭尼公司仍在繼續發展。

然而，五〇年代，彭尼公司的生存卻受到威脅。公司信奉「一手交錢，一手交貨」的信條，不做賒銷經營，商品種類也很單調。產品缺乏競爭力，造成很多商品跟不上時代，不能滿足現代消費者的需要。

一九五七年，公司總經理巴騰向董事會提出建言，批評公司高層保守僵化，對市場的變化無動於衷，他認為非改革不可了。

董事長喬治・彭尼瞭解到巴騰建議的正確性，開始意識到自身錯誤，決定實行變革。一九五八年公司開始提供信貸服務，這一措失果然給公司當年帶來了利潤。到了一九七三年，彭尼公司已有一・二萬賒銷帳戶，商品也呈現多樣化的風貌，彭尼公司蒸蒸日上，再度成為美國指標性大企業。

同樣勇於承認錯誤而反敗為勝的例子不勝枚舉，那些為自己行為失誤付出代價的人能改正錯誤當然可喜。正如卡耐基所說：「若能抬頭承認自己的錯誤，那麼錯了也能有益於你。因為承認一樁錯誤，不僅能增加四周人們對你的尊敬，且能增加你重新認識自己的能力。」

春秋時期，吳王想去攻打荊國，許多人都認為不應該這樣做，但吳王剛愎自用，告訴他左右的人說：「誰敢來勸諫我，處以死刑。」

舍人（掌管宮中之政的人）中有一個年輕的孩子，想進諫又不敢，害怕被處死。於是，他拿著彈弓到後園去守候，身上的衣服被露水打濕了，一連三個早上都是這樣。吳王見了十分不解，問說：「你何必要把衣服弄成這樣呢？」

舍人之子說：「後園裏有樹，樹上有蟬，蟬在高樹上高亢地叫著，飲著露水，而不知道捕牠的螳螂正在後面等著。螳螂正低著頭去抓蟬，但牠卻不知道黃雀在牠後面虎視眈眈。黃雀正暗自得意，哪裡想到我正拿著彈弓在瞄準牠？這三個都是想得到自己的利益，而沒有顧慮後面的災患。這是我這幾天來所悟到的道理。」

吳王聽了他的話，說：「很有道理啊！」他想到自己攻打荊國的計劃，自己不正是那隻黃雀嗎？強大的楚國就是拿著彈弓的小孩啊！吳王決定不再攻打荊國。能對自己錯誤認識得如此敏銳，難怪吳王能將吳國治理得井井有條，成為吳、楚爭霸中重要的角色呢。

早些認識到自己的錯誤，可以免去面對失敗的痛苦。每個人都渴望輕鬆快樂的生活，那些埋藏在心中的鬱結如果不趁早除去，是不可能以積極心態去獲得成功。

會賺錢也要會用錢

生活中，對許多節儉的行為，很多年輕人是不屑一顧的：省能省下多少錢？只有賺出來的百萬富翁，沒聽說有省出來的百萬富翁，只有賺錢才是至理名言。首先要說明的是，這種看法並非完全錯，只是太片面了。

在今天這個社會，財富累積的速度已遠遠超出了人們傳統的想像力。比爾・蓋茲十餘年間創造出來的財富可以和一個國家的財富相提並論；小超人李澤楷一夜之間，讓亞洲首富老超人李嘉誠數十年的辛苦經營黯然失色……新興行業的新貴們似乎已經改寫了世界的進程和原有的經濟規律。

我們不建議向比爾・蓋茲、李澤楷等人學習，因為再也沒有人能像他們那樣以比印鈔票還要快的速度賺錢，大多數的人只能賺那份雖不多但也不少的薪水，量入為出後剛剛好夠養家活口。人人都想最大限度、最快速度地去開源，但運氣並不那麼好，所以在不放棄開源計劃的同時，最好還是聽聽節流的忠告。

一、不僅是賺的，就是省下的也能讓人富有（當然比爾．蓋茲等人除外，也許他們賺的錢無論怎麼揮霍都花不完了）。

二、賺來的只是收入，省下的才是利潤。

為了說明這兩則忠告，我們來做個分析：假設月收入五萬元，如果你維持日常所用，應酬、娛樂等各項開支是六萬元，那麼就負債一萬元；如果只花了四萬元，那麼節餘一萬元。如果能維持在這樣的水準以上，那麼在個人的毛收入中，成本開支（生存、娛樂、工作等項）為八〇％，利潤率僅有二〇％。

進一步假設，如果善於管理和經營，在維持生活品質的情況下，採用了一些節約的措施，每月再節省五千元，那麼就相當於每月多收入了五千元，則利潤率上升為三〇％。

再進一步假設，如果又善於投資，可以用這些利潤去投資股票等，如能保持二〇％的年收益率，長此以往，又將如何？可以肯定的是，子女教育、退休養老等問題不會再讓人頭疼。

可見會賺錢也要會用錢，所以必須改掉不屑節儉的缺點。從現在開始，學會節儉，培養自己愛節儉的好習慣。

謹防胖從口入

也許個人正受肥胖的困擾，那有沒有想過，肥胖是由生活中一些不良的飲食習慣引起的呢？下面就列出五種胖從口入的壞習慣，希望會有所幫助。

一、邊工作邊吃東西

工作可能是肥胖的誘因：壓力和對高熱量食品的渴望。

解決之道：首先，注意飲食間隔的規律性。這能讓人不至於過度饑餓，進而堅持健康飲食。不要讓壓力使人不自覺地吃東西，當感覺自己需要休息一下的時候，不妨起來走一走或做做體操。

二、邊做飯菜邊吃東西

很多人煮菜時，習慣把切好的熟肉和手邊的各種食物隨手放進口中。邊做菜邊吃的壞處在於，其實並沒有感覺已經吃了東西，於是，接著又正式地吃了一頓飯。

解決之道：對付「廚房行為不檢」的最有效措施是，在準備飯菜時，不要隨口「試吃」。此外，站著吃容易讓人進食失控。用碗或碟進食，也比直接從包裝袋或盒中掏著吃要好，因為大的容器讓人錯以為只吃一點東西而不自覺地越吃越多。

三、邊看電視邊吃東西

抓幾片薯片，開罐可樂或吃冰淇淋，幾乎成了有些人打開電視後的習慣動作。

解決之道：為了使這種「電視零食反射」短路，不妨在打開電視後，先往嘴裏放塊無糖口香糖。

四、和孩子一起吃東西

吃完飯後，孩子又剩飯了。雖然已經吃飽了，但是節儉的好習慣讓人還是把孩子的剩飯扒進了嘴裏。

解決之道：如果孩子經常剩飯，那麼很可能是家裏的碗盤太大了，換一套小一點的碗盤吧。另外，給孩子盛飯前，先問問他要多少，然後再給他少盛一些。

五、在外面吃飯

和其他人一起吃飯的時候，人們會不自主地吃更多的東西。因為這時大家的注意力並不在吃上，而是在交談方面。

解決之道：點一些無法快速進食的菜餚，如熱湯（必須一點一點地吹著喝）、辛辣食物（無法大口吞嚥）以及那些必須同時用雙手才能進食的東西。如果真得很餓，那麼不必等小菜上後再叫主食。這可以避免在等待的過程中，又不知不覺地吃下好多東西。

生活中不良的飲食習慣還不只這些，但也不要氣餒，只要做一個生活的有心人，一定能發現並戒除這些不良的壞習慣，健康快樂地生活。

別為小事發火

當人們的主觀願望與客觀事實不盡相同時，就會產生火氣上身、脾氣起來的情緒反應。心理學研究指出，脾氣暴躁，經常發火，不僅是誘發心臟病的原因，更有可能罹患其他疾病可能性。為了確保自己的身心健康，必須學會控制自己愛發脾氣的缺點。

意識控制──當憤怒不已的情緒即將爆發時，要用意識控制自己，提醒自己應當保持理性，還可進行自我暗示：「別發火，發火會傷身體」，有涵養的人一般都能做到自我控制。

承認自我──勇於承認自己愛發脾氣，以求助他人幫忙。如果周圍人經常提醒、監督，那麼減少生氣的目標一定會達到。

反應得體—當遇不平之事時，任何正常人都會怒火中燒，但是不管遇到什麼事，都應該心平氣和，冷靜的、不抱成見的讓對方明白他的言行之所錯，而不應該迅速地做出不恰當的回擊，也剝奪了對方承認錯誤的機會。

推己及人—凡事要將心比心，就事論事，如果任何時候都能站在對方的角度來看問題，那麼，很多時候，會覺得沒有理由遷怒於他人，自己的氣自然也就消失了。

寬容大度—對人不斤斤計較，不要打擊報復，在學會寬容後，愛發脾氣的缺點也就自行消失了。

優柔寡斷不可取

人生在世，不要追求盡善盡美。俗話說：「金無足赤，人無完人」，只要不違背大的原則，就可以決定取捨。

遇事優柔寡斷，拿不定主意，這是人之常情。有人要買台電視機，由於價錢較高，又都不是名牌，往往反覆比較，反覆動搖。結果跑了許多家商店，去了許多次就是決定不下來。心理學家認為，人在處理問題時所表現的這種拿不定主意、優柔寡斷的心理現象是意志薄弱的表現。如何克服這種遇事拿不定主意、優柔寡斷的缺點呢？

一、培養自信、自主、自強、自立的勇氣和信心，培養自己具有獨立意志的良好品格。

二、俗話說：「有膽有識，有識有膽」。增加自己的學識有助於克服自己優柔寡斷的缺點。

三、「凡事預則立，不預則廢」。平時經常腦力激盪，勤學多思是關鍵時刻有主見的前提和基礎。

四、排除外界干擾和暗示，穩定情緒，由此及彼、由表在裏仔細分析，也有助於培養果斷的意志。

若能瞭解上述這些，接下來的就只有如何去克服的問題。如果你能做到以上幾點，則一切的煩惱也就會隨之煙消雲散了。

變換角度看問題

我們對待人，對待事，往往習慣於用一些想當然爾的思維方式，但是，很多時候，這樣的作法毫無效果。比如，批評人的時候，多半會很嚴肅，用語尖銳，語氣重，但被批評的人可能一點都沒把話聽進去。在這樣的情況下，就得想方法，變換角度看問題，效果應該就會不一樣。

查理是某連鎖製造廠的大老闆，在他所屬的眾多工廠中，有一家生產情況特別差。查理找來那位廠長，瞭解他們廠比別家差得多的原因。廠長說，他試了各種方法，或命令，或獎勵，甚至巴結奉承，工人就是提不起工作的興趣。

當時正好是夜班和日班交班的時候，查理拿了支粉筆，走進廠區，他問一位快下班的日班工人：「今天你們共澆鑄了幾次？」

「6次。」那位工人回答說。

查理不說一句話，只是在地板的通道上寫了一個很大的「6」字，就出去了。

夜班工人進廠時看見地上的字，就問日班工頭是什麼意思。

日班工頭回答說：「剛才老闆進來，問我們澆鑄了幾次，我回答6次，他就在地板上寫了一個6字。」

第二天早晨，查理又到廠區，發現地板上「6」字已經被改成「7」字。

日班工頭看見了地板上的「7」字，知道夜班的成績比他們好，因此產生了競爭的心理。下班時，日班工頭也很得意的在上寫了個「10」字。此後，工廠的生產率與日俱增。

變通講究靈活，它不從一個角度看問題，而是時常換幾個角度，以此找到合理的解決辦法。

一家日用百貨商店，為處理庫存洗衣粉，宣佈降價一〇％，但一個月過去，買者卻很少。後來，商店在店門貼出一則廣告：「本店洗衣粉，每人限購一袋，購兩袋以上加價五％。」路人看了廣告，紛紛猜疑：是不是洗衣粉要漲價了？要不為什麼要加價呢？」在這種心理的作用下，人們開始搶購。沒過幾天，這家商店的洗衣粉就銷售一空。

自古以來，以放高利貸為業的人比比皆是，但大多數是得利而失名，只有少部分人，以其精明的手段，達到了名利雙收的目的。

北齊范陽人盧叔武，平生以諸葛亮自比，好出奇招，而且常常能神機妙算，事半功倍。

他放高利貸的辦法與眾不同。他家常常存些糧食，每逢春、夏青黃不接之季，他總是慷慨地允許鄉親到糧倉各取所需，從不記帳。等到秋收後，又任憑借貸者償還，從不問多少。這種辦法不僅使他沒有遭受任何損失，反而使回收的糧食比借出的多幾倍，同時，他還因此被鄉里人當成活菩薩，受到一致稱頌。

傳統的習慣要改變

習慣有一個很大的害處，就是使人總是在老路上走。這就像看書時，把某一頁紙折了個角，然後闔上書。過一段時間，重新打開書時，便會一下子翻到有折角的那頁。我們的習慣就像那折角一樣，一再重覆過去的行事方式，而這在很多情況下是行不通的。

想想看早晨一起床，穿衣、刷牙、洗臉、吃早飯、上班或學習……在這一系列生活片斷中，某些習慣一定會被養成，比如刷牙時，常用一定的姿式，吃飯時常坐某個位置，上班時，常走某條線路。「習慣」使人們的生活有規律，可以使人少動腦筋，很自然地就完成一些事，習慣使人感到舒暢。

有一隻小牛見母牛在農民的鞭下，汗流浹背地耕田，心裏感到很難過，就問：「媽媽，既然世界這麼大，為什麼我們一定要在這裡受苦，受人折磨呢？」

母牛一邊揮汗如雨，一邊無可奈何地回答說：「孩子，沒辦法呀，自從咱們吃了人家的東西，就身不由己了，世世代代都這樣啊！」

世界雖大，但被奴役慣了的牛，卻只能終身勞作田間。有一個伐木工人在一家木材廠找到了工作，報酬不錯，工作條件也好，他很珍惜，下決心要好好幹。

第一天，老闆給他一把利斧，並給他畫定了伐木的範圍。這一天，工人砍了十八棵樹。老闆說：「不錯，就這麼幹！」工人很受鼓舞，第二天，他幹得更加起勁，但是他只砍了十五棵樹。第三天，他加倍努力，可是也只砍了十棵。

工人覺得非常的慚愧，就跑到老闆那裡道歉，說自己也不知道怎麼了，好像力氣越來越小了。

老闆問他：「你上一次磨斧頭是什麼時候？」

「磨斧頭？」工人詫異地說，「我天天忙著砍樹，哪裡有工夫磨斧頭！」

這個工人很可愛，但他以為越賣力，工作成果越大，這樣的思維習慣束縛了他。

學會控制自己

衝冠一怒的人物中不乏英雄人物，但歷史也往往因為這一怒使很多英雄人物變成了悲劇英雄。吳三桂「衝冠一怒為紅顏」背上叛國之名；劉備得知關羽被東吳所害，不顧諸葛亮勸阻，興兵復仇，結果大傷元氣，最終失了江山……

德國偉大的詩人、思想家歌德這樣對我們說：「一個人只要宣稱自己是自由的，就會同時感到他是受限制的，如果他敢於宣稱自己是受限制的，他就會感到自己是自由的。」這句話蘊含著這樣的一個道理：一個善於控制自己的人，他同時就會感到自己是自由的。確實，當憤怒像暴風雨般來臨時，一個人的表現如何最能體現出憤怒的程度了。

當一個人對自己有了正確的、全面的瞭解時，他也同時能以一種理性的方式去思考別人和周圍的事物。環境的突變，事件的改變，他都能理智分析，泰然處之。理性的人善於控制自己，他能夠很快適應周圍的人。由於良好的自控能力，別人會更加尊重他。我們在平時生活中，可能經常被身邊的人和事激怒，這時，便不妨冷靜下來，平息自己的憤怒。以下是息怒的幾種常用之法：

一、深呼吸。

從生理上看，憤怒需要消耗大量的能量，頭腦在此時處於一種極度亢奮的狀態，心跳加快，血液流動加速。深呼吸後，氧氣的補充會使你的身體處於一種平衡的狀態，情緒會得到一定程度的抑制。雖然仍然處於亢奮狀態，但已有了一定的自控能力，數次深呼吸可使人逐漸平靜下來。

二、理智分析。

在將要發怒時，心裏快速想一下：對方的目的何在？他也許是無意中說錯了話，也許是存心想激怒別人。無論哪種情況，都不能發怒。在前者，發怒會失去一位好朋友；在後者，發怒正是對方所希望的，他就是要故意挑起事端，絕不能讓他得逞！這樣稍加分析，就會很快控制自己。

三、尋找共同點。

雖然對手在某個問題上與自己意見不同，但在別的方面其實是有共識的。所以是可擱置爭議，先就共識部分進行合作。

四、回想美好時光。

想一想過去親密合作時的愉快時光，也可以回憶自己的得意之事，使自己心情鬆弛下來。如果僅僅是因為一個信仰上的差異而想動怒，不妨把思緒帶到一個令人快意的天地裏：美麗的海灘，柔和的陽光，廣闊的大海……頓時會覺得，人生是如此的美好，大自然是如此的廣袤寬闊，人也應該有它那樣的博大胸懷，不能執著於眼前……想到這些，就容易克制自己的怒氣了。

我們也許看到過交通擁擠的十字路口紅綠燈失控時的「慘狀」，整個路面成了停車場，不耐煩的司機在車裏面鳴笛叫喊，喇叭聲充斥於耳，整個交通處於癱瘓混亂狀態，如果沒有交通警察的管理疏導，不知道會拖延到什麼時候，造成什麼後果。同樣，如果一個人的情緒失控，這世界又會怎麼樣呢？

常言道：「忍一忍，風平浪靜；退一步，海闊天空。」不必為一些小事而斤斤計較。我們雖不提倡無原則的讓步，但有些事也不必要那樣「火上燒油」，那只會使事情更糟，只會破壞人與人之間的感情。

「假如你握緊雙拳找上我，我想我也不甘示弱的。」威爾遜說道，「我的拳頭會握得和你一樣緊。但是，假如你對我說：『讓我們坐下來討論討論，如果我們意見不同，不同之處在哪裡，問題的癥結在哪裡？』那麼我是可以接受的。我們也許只是在部分觀點上不同，但大部分還是一致的。只要彼此有耐心，開誠佈公，還是可以達到步調一致的。」所以，當別人對我們的缺點提出批評甚至指責時，在和朋友為某件小事「鬥嘴」時，當一時感到生活壓抑時，一定要學會克制自己的憤怒，讓自己的大腦「冷卻」下來，讓胸中的「驚濤駭浪」平息下來，把粗嗓門壓下來，把要伸出的拳頭收回來……

避免無謂的嘮叨

嘮叨是人們對某人或某事感到不滿意、不順心、不順眼而用語言表達出來的一種情緒，是「心氣」發洩的一種表現方式。從字面上看，嘮字是口裏不停地說話；叨字如同嘴上有一把刀子，很可能出口傷人。

那麼，怎樣才能克服和減少嘮叨，讓我們的工作和生活環境更加愉悅和溫馨呢？

一、放寬胸懷，少一些牢騷。

嘮叨是牢騷的口頭表現形式，牢騷是人的要求和願望得不到滿足的情緒，嘮叨則是這種情緒的宣洩。看不慣的發牢騷，不滿意的發牢騷，想不開的發牢騷，整天嘮嘮叨叨，既影響團結又影響安定，還影響自己的心態平衡。社會學家不是常提醒我們嗎：「牢騷太多會造成社會不安」；心理學家不是常勸誡我們嗎：「牢騷過盛會導致心理變態。」讓我們把牢騷驅散，把嘮叨減少，以坦蕩的胸懷面對世間的人和事。

二、加強修養，少一點指責。

要減少嘮叨，就要加強自身修養，遇事多一點克制忍讓，少一點指責。愛嘮叨的人，總是愛埋怨別人，而唯獨不埋怨自己。其實這種嘮叨正是人類一種樂於表現自己、突出自己和表白自己的原始天性的流露。要想少嘮叨別人的過失，就要容人，要克制，要忍讓，要和善。在對待同事和家人時要提倡「多一分體諒」，不要苛求於人。要知道，誰也不願意和愛挑剔別人的人交友。這樣待人的結果是：「水至清則無魚，人至察則無徒」。嘮叨過多的結局是事與願違，越想藉由嘮叨解決問題，越想透過嘮叨提醒別人，越容易引起人們反感，最後落個誰也不願聽，什麼事也辦不成。

三、相互理解，多一點溫情。

嘮叨是和睦家庭中的噪音，而這噪音的發源地常常來自家庭主婦。做妻子的常常會出於愛，或出於「恨」，或出於急，或出於惱，或出於關心，或出於擔心，常常無休止地嘮叨不停。有數據顯示，女性的嘮叨往往隨年齡的增加而發展，到四、五十歲達到最高峰。因而，往往是男方發現自己的妻子愛嘮叨，感到有必要加以「改造」之時，卻已是「江山易改，本性難移」，為時晚矣。拿破崙三世最初不顧周圍的人反對，與西班牙落魄貴族的女兒瑪麗‧尤金尼結婚。拿破崙三世被她的閉月羞花之貌吸引，不顧一切娶她為妻，並封她為皇后。應該說，他們自主的結合，具備了健康、權力、富裕、名聲、愛情等各種條件，當時被人們稱為異常完美的婚姻，真是空前轟動。

但是，好景不長，縱使拿破崙三世給予瑪麗以任何想要得到的物品，甚至皇帝的權力，也無法堵住瑪麗滔滔不絕的嘮叨。充滿猜疑心的瑪麗，完全不聽拿破崙三世的規勸，經常闖入政治會議吵鬧，監視拿破崙三世的行動。皇后的這種嘮叨，迫使拿破崙三世經常跑到外面尋歡作樂。

無獨有偶，著名文豪托爾斯泰的婚姻也是一個悲劇。最後，八十二歲的托爾斯泰不能忍受家中的苦惱，在一九一〇年十月的一個雪夜出逃，十一天後，死在一個車站裏，死前還請求不讓妻子到他面前來。他的夫人對女兒承認說：「妳們父親，是死於我之故。」女兒知道這是事實，是母親的抱怨不斷、指責不停、嘮叨不休將父親推上了死亡之路。所以一切想獲得家庭幸福的人們都應該記住：一天到晚地嘮叨，無異自掘婚姻的墳墓。善良的妻子們，請多一點理解和體貼，少一點埋怨和指責；多一點溫存和耐心，少一點挑剔和脾氣，學會「潤物細無聲」。丈夫也應理解妻子嘮叨的心意：從嘮叨中體會妻子的善意和妻子的關心，從嘮叨中去感受妻子的情與愛。你想：那些在大街上的過路人，為什麼不去嘮叨你呢？

和諧的生活和寧靜的環境會給家庭帶來美滿和幸福，而嘮叨則會破壞幸福。多獻上一份愛，少一點嘮叨吧，生活本應簡單！

成功要有好心態

西方這樣的諺語：「成功吸引更多成功，而失敗帶來更多失敗。」這句話真是一語中的，為成功而努力會使人更有能力邁向成功。如果什麼也不想做，坐等失敗，只會給自己帶來更多的失敗而已。

如果以積極的心態發揮自己的想像力，並且相信成功是自己的權利的話，信心就會使人成就所有自己訂下的明確目標。但是如果抱持著消極心態，滿腦子想的都是恐懼和挫折的話，那麼所得到的也只是恐懼和失敗。

阿布拉罕．林肯說過：「人下決心想要愉快到什麼程度，他大體上也就愉快到什麼程度。你能夠決定自己頭腦中想些什麼，你就能控制自己的思想。」

成為積極或消極的人全在於自己的抉擇。沒有人與生俱來就會表現出好的態度或不好的態度，是自己決定要以何種態度看待同遭的環境和人生。即使面臨各種困境，仍然可以選擇用積極的態度去面對眼前的挫折。

保持一顆積極、樂觀的心。儘量發覺周圍的人、事中好的一面，從中尋求健康的看法，便能讓自己有向前走的力量。即使後來失敗了，也能汲取教訓，運用於未來的人生中。把每次的經驗當作是朝向目標前進的墊腳石。

美國聯合保險公司有一位推銷員，名叫亞蘭。亞蘭想成為這個公司的明星保險員，他努力應用他在勵志書籍和雜誌中所讀到的積極心態的原則。

寒冬的一天，亞蘭在威斯康辛州一個城市的街區推銷保單，卻沒有做成一筆生意。當然，他對自己很不滿意。但他並沒有因此而氣餒，而是選擇了積極的心態將這種不滿轉變為一種勵志的動力。

他記起他所讀過的書，應用了它所提出的原則。第二天，當他從辦事處出發時向同事們講述了前天所遭遇的失敗，接著他說：「等著瞧吧！我還要再次拜訪那些顧客，我將簽下比你們簽的總和還要多的保單。」

頭一天亞蘭在風雪中穿街過巷，奔波了八個小時，卻沒有賣出任何一張保單。

可是亞蘭能夠把頭一天大多數人在失敗的情況下，所感覺到的消極不滿在第二天轉化成勵志性的不滿，並且獲得了成功。後來亞蘭確實成了這個公司的最佳保險員，並被提升為區域經理。

那些真正的成功者中，許多人具有這樣的特點：他們有能力使用「積極心態」的力量，但大多數人總是盼望成功會以某種神秘莫測的方式驀然出現，可是這樣的幻想通常是不會實現的。每一個人的積極心態就是他的優點，這並沒有什麼神秘莫測的地方。

那段經歷對於成長中的年輕人來說，就像蠶繭，是羽化過程中必須經歷的一步。

一般公司對新進人員都是一視同仁的，從起薪到工作都沒什麼差別，無論多麼優秀的人才，在起步的時候還是沒有什麼特權的。而且在剛進公司所分配的工作，也是從誰都能做的之簡單事情做起。

將苦惱化作歡樂

苦惱，是對未來出路的擔心，是對現實處境的不堪忍受。苦惱，這一種不良情緒，會嚴重地影響人的身心健康。苦惱，還會影響人的智力和能力的發展。

長期陷入精神苦惱的人，思維是不會敏捷的，常常會出現呆頭呆腦、鬱鬱寡歡、表情陰沈冷漠的症狀，這樣的人有很多工作是不能做，如外交、交際等工作。如果長期苦惱，還會產生變態心理，會覺得世界上一切都是冷酷的，因而他對別人也必然報以冷漠態度，這會大大影響了與他人的正常交往。

既然苦惱是一種不良的情緒，我們就應該努力擺脫它，讓自己輕輕鬆鬆地生活，快快樂樂地享受。

要擺脫苦惱，提高修養是至關重要的。同一件事，對不同的人來說，反映是不同。有的人認為是十分苦惱的事，在另外一些人看來，其實沒什麼大不了，原因何在？人的心胸開闊的程度不同，人的修養水準不同，凡是能在別人認為很痛苦的環境、事物面前從容不迫、坦然應對的人，都是值得我們學習的榜樣。馬克思夫人燕妮，無論生活環境怎麼不好，始終是樂觀的，直到她罹患癌症臨終時，精神一直很好，她忍受著劇烈的病痛，對她的孩子們還說笑話，想以此來驅散別人的焦慮。直到不能再說話時，還緊緊握住女兒們的手，並盡力露出笑容。能把一般人認為是最大的苦惱放在一邊，只想著給別人以愉快的安慰，實在是一種了不起的偉大精神。

生活中難免有苦惱，但是，只要你把苦惱的毫無意義的消耗，轉移到有意義的事物上，就好像在一步一步地登上泰山之頂，在霧消雲散的晴空萬里的早晨，會看到無比瑰麗壯觀的破曉而出。

自強不息才能超越自我

荀子曰：「學而不可以已。」又說：「鍥而不捨，金石可鏤。」一個人只有自強不息，才能獲得成功。

在楚、漢相爭中，項羽和劉邦雙方實力懸殊，劉邦幾乎每戰必敗。有幾次差點做了俘虜，然而劉邦每次失敗後，都能重新聚集力量，尋找機會再戰，終於由弱轉強，最後在垓下一戰中，一舉消滅楚軍，迫使項羽自刎烏江，統一了天下。劉邦這種敗而不餒，自強不息的精神正是他取勝的重要因素。

自強不息、鍥而不捨的精神來自於遠大的抱負。一個胸無大志、渾渾噩噩的庸人俗子，只會得過且過，不願意刻苦讀書，發奮圖強的，一旦遇到挫折，便灰心喪志，猶如逆水行舟，不進自退。戰國時代的策士蘇秦，年輕時有凌雲壯志，他先跟從鬼谷子學習謀略，學成後前往秦國遊學，謀求秦王賞識，但久久不得如願。身上盤纏用盡，衣服也已破爛不堪，只好返回故鄉，家人見他一副落魄相，都非常討厭他，父母不出來認兒子，嫂嫂不給他吃飯，妻子坐在織機前繼續織布，絲毫不理睬他。家人的冷待給了他強烈的刺激，但他絕不灰心喪志，而是決心發奮鑽研姜太公的兵法。他夜晚讀書睏倦了，便用錐子猛刺自己的大腿，刺得鮮血直流；終於，他取得了空前的成功。他再次出遊，以「合縱」之說大會諸侯，共同對抗強秦。在諸候會盟之時，蘇秦佩戴六國相印，叱吒風雲，左右中國歷史的發展。

梁啟超也曾說過：「凡古來能成大事者，必具自勝之力甚強者也。」所以，敢於超越自我，自強不息是成功者的秘訣之一。

克服社交恐懼症

有些青年朋友害怕社交，甚至親朋好友的喜慶宴會，凡是到了人多的地方，都感到不自在，有時遇到認識的人也避得遠遠的，唯恐交談應酬。

雖然社交恐懼症的成因很複雜，根據最一般的心理分析，自卑和害羞是兩個不可忽視的因素。患有這種症狀的人，很難自然的與人交往，因此常常處於某種孤獨狀態，影響了人際交往的正常發展。

在《紅樓夢》中的林黛玉，自從她踏進賈府以後，她就有一種寄人籬下的悲痛心情，雖有賈母疼愛，但終因家道衰落來自他鄉，內心處處感到與其他女孩不平等。這位蘇州才女自尊心很強，加上生性內向，於是每當各種聚會場合，為了保護自己的尊嚴不受侵犯，便獨處一隅，鬱鬱寡歡，不願多與他人主動交往。正是林黛玉的這種極度自卑感，妨礙了她與眾姐妹的融洽相處。

自卑心是完全可以克服的，首先要增強自信心。其實，無論在哪種場合，人們在人格上都是平等的，大可不必自慚形穢，以為低人三分。因為自卑，有人總覺得別人看不起自己，實際上，這多半是自己低估了自己的緣故。別人如果有輕視自己的行動，那也往往是自己不恰當的躲避行為所造成的。一旦游離於正常的交際圈子之外，別人就無法對你做出正確的判斷而形成疏遠、冷漠等，而這又反過來強化了自己的孤獨感，長此以往地惡性循環，從而顯得更不合群。改變這種情況，唯一的辦法是拋棄自卑感，大膽率直地與人交往，在互相交往中，雙方都會顯露出自己的才華，由此逐漸學會正確評價別人和自己，提高自己的自信心。

其次是要忘掉自我。害羞的人都過分在意自我：這樣說話不好？衣著打扮是否得體？滿腦子轉著這樣的念頭，結果越想越緊張，越緊張越拘謹，如不及時擺脫這種窘境，勢必導致人際關係的緊張。換一個角度想問題：眼前的交往對象未必比自己高明，或許對方也是羞怯和害怕。在這種充滿信心的情況下，我們就可以變得坦然自若，鎮定沈著，而精神上的忘我和舒緩一旦形成，正常交往的條件和氣氛就出現了。

另外就是，勇敢地邁出交往的第一步。正如社會心理學家已經指出的那樣：一次成功的社交經驗，將完全破除社交神秘感和增強自己對社交的自信；多次成功的體驗，就會使人形成對社交的新的條件反射，學會自然大方地與任何人交往。歸根到底，沒有天生的社交活動家，社交恐懼症的最後根治，只有在反覆的社交實踐中才能實現。

適度宣洩心中的憤怒

在人際交往中，人們總會遭到挫折和失敗，情緒的平衡因此受到破壞，如果把什麼都悶在心裏，久而久之可能會得憂鬱症。適度而合理的宣洩，可以疏導心中的怨氣，化憤怒為力量，能使自己儘快地走出陰影，輕鬆愉快地體驗生活。

有一位張先生，性情特別急躁，一次被臭罵一頓，滿肚子之火，想要出手發洩怒氣後一走了之。後來，一位老朋友將他拉至菜園，給了他一把圓鍬，要他挖土。他下意識地挖了一個大坑，然後又填上，再挖、再填，如此反覆到終於氣消雨過天晴。

有一位著名富賈，對於自己發洩怒氣的方法，說得十分有趣。他說：「當我自知怒氣快來時，連忙不動聲色地設法離開，立刻跑到我的健身房，如果我的拳師在那裡，我就和他對打，如果拳師不在，我就猛力捶擊沙袋，直到發洩完我的滿腔怒火為止。」日本有些企業，也盛行這種方法。在工廠裏專門設一間房子，裏面掛有主管、老闆的像，對他們有意見的員工大可在房間裏大罵，直到發洩完怒氣為止。

現代心理學發現，發怒是由於心理上失去平衡，或者是自己的要求和慾望得不到滿足而引起的。可見，在現實生活中，有感情的人不可避免地都會在某時某地因某事而大發脾氣，關鍵是要注意發怒的場合，尤其是發怒的方式，切忌一時衝動，弄得身敗名裂。

有些煩惱未必要依靠外物來宣洩，也可以自我宣洩。如果把心胸放開闊一點，一來可以減少許多不必要的煩惱，二來不會把煩惱轉嫁於他人，這樣就可以贏得更多的友誼。因為人總是樂於跟開朗的人打交道。

我們應該要理解，一切逆境都不是生活的大不幸，最大的不幸是沒有能力應付突如其來的厄運。憤怒、消沉、自暴自棄都無濟於事，反之，化憤怒為力量成就大事，藉惡運之機磨練意志，才能扭轉不利的局面，成為生活的強者。

成大事者要有遠見

要想做成大事，不能沒有遠見，要把目光盯在遠方的成就上，確定自己人生的方向，用遠大的志向激勵自己，並咬緊牙關、握緊拳頭，堅強地朝著自己的人生方向走下去。沒有這種品性的人，是絕對不可能成就大事的，甚至連小事都做不成。

成大事者是具有遠見的人，因為只有把目光鎖定在未來的成就上，才能有大志向、大決心和大行動。那麼，遠見是個什麼東西呢？

作家喬治・巴納說：「遠見是在心中浮現的，將來的事物可能或者應該是什麼樣子的圖像。」

舉例來說，沃爾特・迪士尼有遠見。他想像出一個這樣的地方：孩子們歡天喜地，全家人可以一起在新世界探險，小說中的人和故事在生活中出現，觸摸得到。這個遠見後來成為事實，首先在美國加州迪士尼樂園，後來又擴展到美國的另一個迪士尼公園，還有一個在日本、一個在法國，連香港、上海迪士尼也加入滿足孩子們的歡樂童年的行列。

沒有遠見的人只看到眼前、摸得著的手邊的東西，相反，有遠見的人心中裝著整個世界。遠見跟一個人的職業無關，世界上最窮的人並非是身無分文者，而是沒有遠見的人。

那麼，我們要如何使自己的遠見變為現實，從而成就自己的大事呢？我們歸納出下面幾種原則或許會有幫助。

一、做大事之前先分析自己的實際處境

將自己的遠見實現不是一蹴可及的事，這是一個過程，跟一次旅行十分類似。在決定旅行後，首先要做的事情之一，就是決定出發點。沒有出發點，就不可能規劃旅行路線和目的地。

考察當前生活的另一個目的是，規劃行程並估算行程的費用。一般來說，為自

己的遠見是要做出犧牲的。

二、做大事之前要能確定自己的努力方向

如果想成就大事，就必須確定人生的遠見。自己的遠見不是來自別人的，如果那不是自己的遠見，就不會有實現它的決心與衝動。遠見必須以自己的才能、夢想、希望與激情為基礎，它還會對別人產生積極的影響──特別是當一個人的遠見與他的命運(特別是他存在的目的)相契合時。

三、不管發生什麼，做大事的長遠規劃都不能改變

實現自己的遠見包含著必須選定一條個人發展的道路，並在這條路上走下去。以為自己可以從生活的一個階段向另一個階段進步而無需改變自己，那是在自我欺騙。人生的任何積極的轉變必定需要個人的成長。

因為個人成長是實現自己遠見的必經之路，所以訂出的戰略性的計劃，應該是按照自己的遠見來規劃自己的成長道路。想一想要實現理想必須做什麼，然後確

定，要成為想做的那種人，需要學習些什麼。看些書籍，參加一些相關講座、研討會，以感受一下別人的成長過程。

四、做大事時要能捨小利益取大目標

所有夢想都是有代價的。為了實現自己的遠見，就要做出犧牲，其中必然與個人其他的選擇有所衝突。人是不可能一面追求自己的夢想，另一面又可以保留著其他的種種選擇。

這個觀點尤其不容易被美國人接受，美國文化很強調選擇的自由，整個自由市場體制都是建立在這個基礎上的。多種選擇是好事，可以提供機會，但對於想獲得成功的人，有時必須放棄種種選擇來交換那個唯一的夢想。

這情形有點像一個人來到十字路口，面臨幾種前進的選擇。他可以選擇一條能通往目的地的路，他也可以哪一條都不走，但是這樣就永遠到達不了目的地。

五、頂住各種壓力，堅持自己做大事的積極態度

必須保持積極態度的另一個原因，是人一定會遇到反對的意見。那些沒有夢想的人是不會理解你的夢想的，他們覺得你的夢想不可能實現。他們會說，你的夢想一文不值；或者即使他們明白到它的價值，他們也會說，這是可以實現的，但不是由你實現的。碰到別人的反對時，大可不必驚慌，而應有心裏準備，抱著永不消沉的積極態度。

顯然，做大事不是一件輕鬆的事，是一件具有挑戰性的人生抉擇。在為自己人生目標努力的時候，成功的可能性就越來越大。現在只要放棄一些蠅頭小利，把目光盯在遠處，準備跨出步伐，如果都準備好了，就可以朝著自己的遠見前進了。

不做沒計劃的事

在工作當中做好計劃是絕對必要的，在這方面所花的時間絕對是值得的。如果不計劃，那就始終不會成為一個有效率的人。工作效率的中心問題是：對工作計劃得如何，而不是工作得如何努力。最好的競爭是與自己的成績競爭，把每天所做的事，都記錄下來。今天要打破昨天的紀錄，計劃著明天打破今天的紀錄。

羅斯福是個充滿著精力的人，他也是用這種競爭的方法使自己盡力做事，不過他不是等別人來替他安排與他人的競爭，而是不斷地與自己來競賽。他把他所做的事都記載下來，然後擬定一個計劃表，規定自己在某個時間內做某件事。如此，他便按時做各項事。他總是往前進，透過他的辦公日程表可以看出，從上午九點鐘與夫人在白宮草地上散步起，到晚上招待客人吃飯等為止，整整一天他總是有事做的。

細心計劃自己的工作，便是羅斯福之所以能日理萬機的秘訣。每當一項工作來臨時，他便先計劃需要多少時間，然後安插在他的日程表裏。既然能夠把重要的事很早地安插在他的日程表裏，就表示他每天都能夠把許多事在預定的時間之前做完，而那些做事無系統的人，對於一件重要的工作，直到最後一分鐘還沒有做好充分的準備。至於羅斯福，譬如有人請他演講或寫文章，早在日期未到之前的二至三個月，甚至六個月，他便馬上準備起來了。他這種辦事迅速的態度，使他能自由地辦別的事。他雖然做事很起勁，但卻不是倉皇匆忙的樣子。他總是不浪費時間，不是玩便是工作，並且兩者都是全神貫注地對待。

無論要做的事是多是少，都是要擬定一種計劃表，盡力按著計劃表去做。如果工作只需一小時做完，便在一小時之內完成它，其餘的時間去玩耍。本來只要一小時的事，而拖延到一天才做完，實在是愚蠢。如果事情太多而時間不夠，則選擇先將最重要的做好，把不重要的刪去。

所謂工作過度而吃力的真正原因並不是工作過度，而實在是因為沒有計劃，沒有系統。那些習慣毫無計劃地工作的人，總是這樣想著：「我必須工作，我必須工作，我必須工作。」可是，沒有計劃就不能管理工廠裏上千名員工，不能訓練他們的專業知識，不能叫他們製造汽車、無線電出來。如果你每天有計劃，那麼在每分每秒，都應當曉得做什麼事。

有人問菲列得爾菲亞著名的大商人瓦烈梅克：「你是如何能做這麼多事的呢？」

他說：「任何事不重覆做兩次！」

美國伊利鐵路局的局長恩伍說：「有許多人失敗，都是因為把時間浪費了。一個人之所以勝過別的人，是因為他能夠節省時間，而別的人在浪費時間。你不可能讓腦子做六個或七個鐘頭的工作，然後叫腦子休息。在二十四個鐘頭中，凡是醒著的時候都盡力工作，對於身體當然是有害的，但是除了睡覺之外，叫你的腦子活動卻是無害的。」

如果有計劃工作，就會發現對於普通的工作可以在較短的時間內做好，還有多餘的時間去找別的事來做。像這樣，就可以勝過那些沒有預先計劃的同伴們。

重視「耐煩」的作用

人生不如意者十之八九，有人容易煩躁，坐立不安，尤其是當自己追求的事業遇到挫折時，更是如此。其實，這是成功的大忌。如果遇到煩躁的事，不能隨之起舞，而應當多一份耐煩。做任何事，只要有耐煩之心，必定會多一份收益。因此，不要忽略耐煩這種習慣的作用。

傑出者之所以傑出主要是，憑藉他們的工作和作品的品質及創造性影響他人。但現實中還存在另一種強有力的影響方式，有一些人十分神奇，有時候他們只要出現，不需做任何事情，就可讓與他們接觸的人產生巨大影響。這種力量為「精神性的傑出」。研究者對聖雄甘地的研究，發現他的身上有些東西影響著他人，對很多人來說，能與甘地接近，本身就是莫大的榮耀，相對會對他們的人格產生難以磨滅的影響。其他的影響者如馬丁．路德．金、德蕾莎修女和一些藝術表演者如馬友友、卡薩爾斯、查理．卓別林等人也具有影響力。這些具有超凡魅力的人能夠刺激別人，讓他們改變自己的意識，甚至改變他們的生活模式。

有位政治人物在接受電視採訪時，說過一句很耐人尋味的話。當記者問他在政壇上步步高升靠的是什麼時，他不急不徐地回答說：「耐煩！」

他為什麼不提自身的條件，卻特別提到「耐煩」兩個字，其中自有道理。「耐煩」二字就算不是「為官之道」，至少也是做事之道了。

事實上，要做好一件事，解決一個問題，最需要的是智慧、經驗，光憑這些還不夠嗎？為何還得有「耐煩」呢？其中有幾個原因：

一、有智慧、經驗的人固然能做好事，也能解決問題，但如果沒有「耐煩」的本事，當他們碰到一些事時，就不知從何下手。所以，一個人不能「耐煩」，光有智慧和經驗還不能成就大事。

二、「耐煩」是在和客觀環境比耐力，和競爭對手比耐力，你能「耐煩」，就不會輸。如果因為不耐煩而半途放棄，那就先輸了，很多人之所以落後於他人，都是因為不耐煩，而不是因為智慧不如人。

能耐一次煩，便能耐二次煩，這種本事一變成習慣，將是成就大事業的基礎。這種「耐煩」的本事，年輕人尤其應該學到，不要說年輕氣盛而「做不到」，那只是一個托詞，應該意識到一點：越早學到，越早獲益。

至於如何培養「耐煩」的本事，這並無捷徑可走，也沒有速成班可學，更沒有補習班可以教，這是個人意志培養的問題。換句話說，只要在碰到「很煩」的事情時便告訴自己──要耐煩！然後仔細的、耐心的、不動氣的分析該如何做這些事，解決這些問題，那麼慢慢的，便有了「耐煩」的本事。

不僅做事之道要「耐煩」，做任何一件小事也都要「耐煩」，你如果連吃飯也不耐煩，那也會噎著啊！

忍受等待的痛苦

等待，指的是善於在最關鍵的時刻把握住機會，敲開成功的大門。有些人在等待時，特別容易灰心，而且常顯得浮躁，造成對自己最大的傷害。

拿破崙相信等待與機會同在，他在擔任革命軍小隊長時，就等待著嶄露頭角的機會，果然後來漸漸掌握法國軍事、政治實權，並發揮靈活的外交手腕，對於確保法國獨立非常有貢獻，成為法國人民的英雄。從英雄又晉級為皇帝，更使法國成為歐洲的霸主。表面上看，拿破崙是戰績輝煌的天之驕子，事實上，他是經歷無數失敗挫折之後，以堅強的意志力和無比的勇氣，才摘到令人羨慕的成功果實。這就叫「等待後的成功」。

在征服全歐洲以後，拿破崙說了一句有名的話：「莊嚴與滑稽之間只有一線之隔，等待與機會之間只有一步之遙。」意味著：自己吃了大敗仗，狼狽地逃走是十分滑稽的舉動，但是不久之後，必然會莊嚴地扳回面子。這就是需要耐心等待下一個取勝的機會。因此要學會在失敗中等待成功的機會。

愛迪生說：「失敗為成功之母。」因此一個人只要有向上的決心，必能在失敗中尋獲成功的鑰匙，如果就此灰心失意，便永遠嚐不到成功的果實。愛迪生說：「在我的一生中，發明電燈的過程最為艱辛困苦。我不但用很長的時間思考，並且試驗世界上所有的物質，研究它們能不能發光。」所以，有些愛開玩笑的朋友就說：「他老是做那些必然失敗的事，才會遍嚐失敗滋味。」

人生就是要在不怕困難與失敗中探索，才能獲得成功，因為失敗的經驗越豐富，成功的機率越大。

真正能夠成功的人都會瞭解：不管怎麼計劃，人都有一段除了等待和忍耐以外，再也沒有任何方法可過度的階段和時期。但是最危險的是，在這期間我們都很容易灰心。

所謂等待，並非只是呆呆地等著機會從天上掉下來，而是應該擁有信心，抱著希望繼續去努力。

我們都是在努力的結果將使自己的工作有進展時感到高興，但是工作停頓時就會感到沮喪，有時會因為過度沮喪而把工作拋棄。如果就此拋棄的話，工作也就無法完成了。這時候應該要忍受等待的痛苦，並繼續努力，否則就無法成功。那些覺得忍耐是件很痛苦的事的人，該知道一句奧斯丁所說的話：「在你心中的庭院，培植一棵忍耐的樹，雖然它的根很苦，可是果實一定是甜的。」

不管是誰，一旦決定要做的事一定要堅持到底的進行下去，耐心等待成功。也許，對於所有成大事的人來講，問題不在於能力的局限，而是在於等待成功的信念夠不夠。我們知道，一個人使事情成就的力量是什麼，關係到他是否成功。其中當然要有能力，能力雖然是必須的條件，可是並非充分必要的條件。所謂充分必要的條件，就是給予那個能力本身的起動力、浸透力、持續力等的力量。如果把這些各方面的力量綜合起來，就是等待成功的信念。

別把自己的意見硬塞給別人

費城的亞道夫・塞咨先生，發現他必須給一群沮喪、散漫的汽車推銷員灌輸熱忱。他召開了一次銷售會議，要求這些推銷員，把他們希望從他身上想要的個性都告訴他。在他們說出來的同時，他把他們的想法寫在黑板上。然後，他說：「我會把你們要求我的這些個性，全部給你們。現在，我要你們告訴我，我可能從你們那裡得到什麼東西。」回答來得既快又迅速：忠實、誠實、進取、樂觀、團結，每天熱情地工作八小時。有一個人甚至自願每天工作十四個小時。會議之後，銷售量上升的十分可觀。

塞咨先生說：「只要我遵守我的條約，他們也就決定遵守他們的。向他們探詢他們的希望和願望，就等於給他們打了一劑強心針。」

沒有人喜歡自己被強迫購買或遵照命令行事，我們喜歡出於自願地購買東西，或是按照自己的想法來做事。我們很高興有人來探詢我們的願望、我們的需要，以及我們的想法。

當提奧多・羅斯福當紐約州長的時候，他一方面和政治領袖們保持很良好的關係，另一方面又強迫他們進行一些他們十分不高興的改革。他是怎麼做到的呢？

當某一個重要職位空缺時，他就邀請所有的政治領袖推薦接任人選。起初，羅斯福說：「他們也許會提議一個很差勁的黨棍，就是那種需要『照顧』的人。我就告訴他們，任命這樣一個人不是好的政策，大家也不會贊成。

然後他們又把另一個黨棍的名字提供給我，這一次是個老公務員，他只求一切平安，少有建樹。我告訴他們，這個人無法達到大眾的期望。接著我又請求他們，看看他們是否能找到一個顯然很適合這職位的人選。

他們第三次建議的人選，差不多可以，但還不太好。

接著，我謝謝他們，請求他們再試一次，而他們第四次所推舉的人就可以接受了，因為他們提名一個我自己也會挑選的最佳人選。我對他們的協助表示感激，接著就任命那個人，還把這項任命歸功於他們。」

記住，提奧多．羅斯福盡可能地向其他人請教，他讓那些政治領袖們覺得，他們選出了適當的人選，完全是他們自己的主意。

紐約長島一位汽車商人，利用同樣的技巧，把一輛二手汽車成功地賣給了一位蘇格蘭人。這位商人帶著那位蘇格蘭人看過一輛又一輛的車子，但他總是不滿意，要麼這不適合，要麼那不好用。在這種情況下，這位商人接受了別人的勸告，停止向那位蘇格蘭人推銷，而是讓他自行選購。

幾天之後，當有位顧客希望把他的舊車換一輛新車時，這位商人就開始嘗試這個新的方法。他知道，這輛舊車對蘇格蘭人可能很有吸引力，於是，他打電話給那位蘇格蘭人，問他能否過來幫個忙，提供一點建議。

那位蘇格蘭人來了之後，汽車商說：「你是個很精明的買主，你懂得車子的價值。能不能請你看看這部車子，試試它的性能，然後告訴我應該出多少價錢買這輛車子才合算？」

那位蘇格蘭人的臉上泛起「一堆笑容」：終於有人來向他請教了，他的能力已受到賞識。他把車子開上皇后大道，一直從牙買加區開到佛洛里斯特山，然後開回來。「如果你能以三百美元買下這部車子，」他建議說，「那你就買對了。」

「如果我能以這個價錢把它買下，你是否願意買它？」這位商人問說。三百美元是他的主意，他的估價，因此這筆生意立刻成交了。

一位X光機製造商，利用同樣的心理戰術，把他的設備賣給了布魯克林一家最大的醫院。那家醫院正在擴建，準備成立全美國最好的X光科。L大夫負責X光科，整天受到推銷員的包圍，他們一味地歌頌、讚美他們自己的機器設備。

然而，有一位製造商卻更有技巧，他比其他人更懂得人性的弱點。他寫了一封信，內容大致如下：

我們的工廠最近完成了一套新型的X光設備，這批機器的第一部分剛剛運到我們的辦公室來。它們並非十全十美，所以我們想改進它們。因此，如果您能抽空來看看它們並提出您的寶貴意見，使它們能改進得對你們這一行業有更多的幫助，那我們將深為感激。我知道您十分的忙碌，我會在您指定的任何時候，派我的車子去接您。

「接到那封信時，我感覺很驚訝，」L大夫事後說，「既覺得驚訝，又覺得受到很大的恭維。以前從沒有任何一位X光製造商向我請教。那個星期，我每天晚上都很忙，但我還是推掉了一個晚餐約會，以便去看看那套設備。結果，我看得越仔細，越喜歡它。」

「沒有人試圖把它推銷給我，為醫院買下那套設備，完全是我自己的主意。我接受了那些優越的品質，於是就把它訂購下來。」

在威爾遜總統執政期間，愛德華．豪斯上校在國內及國際事務上有極大的影響力。威爾遜對豪斯上校意見的依賴程度，超過對自己內閣的依賴。

豪斯上校利用什麼方法來影響總統呢？

豪斯說：「認識總統之後，我發現，要改變他看法的一個最佳辦法，就是把這個的觀念很自然地建立在他的腦海中。第一次這種方法奏效，純粹是一個意外。有一次我到白宮拜訪他，催促他執行一項政策，而他顯然對這項政策不贊成，但幾天以後，在餐桌上，我驚訝地聽見他把我的建議當作是他自己的意見說出來。」

豪斯上校是否會打斷他說：「這不是你的主意，這是我的」？哦！沒有，豪斯不會那麼做，他太老練了。他不願追求榮譽，他只要成果，所以他讓威爾遜繼續認為那是他自己的想法。豪斯甚至更進一步，使威爾遜獲得這些建議的公開榮譽。

我們所要接觸的人，都具有像威爾遜那樣的缺點，喜歡被人認為是聰明的、有個性、有思想的人。所以，如果你有了一個非常好的創意，你不必洋洋自得地在主管面前賣弄，而應該巧妙地引導主管想出這個創意，讓主管覺得這是他自己的創意，讓他很有成就感，這樣主管一定會很感激你，並有意識地重用你。

把「永不放棄」刻在心頭

做什麼事，都不能輕易放棄。輕易放棄，不僅讓已投入的精力付諸東流，也對今後的成長帶來不利影響。有一個基本原則可用，而且永遠適用，這個原則非常簡單——永不放棄。請銘記在心頭！

如果使用的方法不能奏效，那就改用另一種方法來解決問題。如果新的方法仍然行不通，那麼再換另外一種方法，直到找到解決眼前問題的方法為止。任何問題總有一定的解決方法，只要繼續不斷的、用心的循著正道去尋找，終究會找對方法的。

最近皮魯克斯接到一封很鼓舞人的信，寫信的人就成功地運用了這個原則。寫信人說，幾年以前他研究出一種供活動房屋使用的預鑄式牆壁系統。他籌組建了一家公司，把他所有的資金都投了進去，但是這種牆壁卻不夠堅固，一經移動就垮了。公司遭遇到一連串的困難，他的合夥人要求他「賣掉公司」，但是他不放棄。

他是個想法積極的人，也具有勇往直前的信心。他認為這一類的困難打不垮他，他說：「我壓根兒就沒想到『放棄』這兩個字。」因此，他用心做細密深入的思考，終於想出了辦法。他設計出一套預鑄板模系統，來配合他的預鑄牆壁系統。最後他終於成功了，一家製造活動房子的大公司買下了他的設計。也說出了這句了不起的話：「輕易放棄總嫌太早了。」

在一篇文章中，菲麗絲・席模克討論了「良言」這個觀念，以及使用消極否定的話的危險。例如她舉「不」字為例，「不」表示關上了大門，「不」這個字指失敗、垮台、延誤。但是把英文「不」(no)倒過來拚，就有了新希望，因為倒過來拚就成了「繼續」(on)，就有了活力和行動。不鬆懈地「繼續」追求你的目標，直到解決問題。

她要求我們注意teem(充滿)這個英文單字，在我們生活中的每一件事似乎都「充滿」困難，充滿了遺憾，充滿了無力感。因此，她建議我們把這個單字倒過來，拚成meet（迎頭處理）。每一個問題出現的時候，迎頭加以處理，你就不會再充滿挫敗和失望了。每一項挑戰升起來的時候，若奮起迎頭處理，就會獲得很多的成果，也必會有所創造。

你聽過海耶士．瓊斯的事跡嗎？他是一九六〇年跨欄比賽的風雲人物，他贏得一場又一場的比賽，打破了許多紀錄，轟動一時。他順理成章地被選為參加當年在羅馬舉行的奧運會的選手，參加一一〇公尺跨欄比賽，全世界都認為他能贏得金牌。但是，出乎意料，他並沒有得到金牌，只跑了個第三名。這當然是個極大的挫折。他的第一個想法是：「怎麼辦呢？我或許該放棄比賽。」要再過四年才會有奧運會，而且他已經贏得所有其他比賽的跨欄冠軍，何必再受四年更艱苦的訓練？看來唯一合理的出路是退出比賽，開始在事業上尋求發展。

這當然非常合乎邏輯，但是海耶士．瓊斯卻不能忍受這種想法。「對自己一生追求的東西，」他說，「你不能夠事事講求邏輯。」因此他又開始了訓練，每天三小時。在爾後幾年裏，他又在六十碼和七十碼跨欄項目上創造了一些新紀錄。

一九六四年二月二十二日，在紐約麥迪遜廣場花園，瓊斯參加六十碼跨欄比賽。賽前他曾經宣佈這是他最後一次參加室內比賽。大家的情緒都很高漲，所有的眼睛都盯著他看。他贏了，平了自己以前所創的最新紀錄。瓊斯跑完，走回跑道上，低頭站了一會兒，答謝觀眾的歡呼。然後暴滿的觀眾都起立致敬，瓊斯感動的流下淚來，很多觀眾也跟著流下眼淚來。一個曾經失敗的人仍然繼續堅持下去，他不放棄，愛他的人們就愛他這一點。

他參加一九六四年東京奧運會，在一一〇公尺跨欄比賽中跑出一三．六秒的成績，得了第一名，他贏得了夢寐以求的金牌。

後來他在一家航空公司工作，擔任業務代表。他自願協助推廣所在城市的體能訓練計劃，獲得了很了不起的成果。

海耶士．瓊斯的故事使我們想起了歌德的話：「不苟且的堅持下去，嚴厲的驅策自己繼續下去。就是我們之中最微小的人這樣去做，也很少不會達到目標。因為堅持的無聲力量、會隨著時間而增長到沒有人能抗拒的程度。」

別被困難嚇倒

如果要選擇成功，那麼，同時也要選擇堅強。因為一次成功總是伴著一大堆失敗，而這些失敗從不憐惜弱者。沒有鐵一般的意志，就不會看到成功的曙光。現實的經驗顯示，心靈怯懦者往往被災難所打垮、所嚇退，心靈堅強者則跨越向前。

有一個英國人，生來就沒有手和腳，竟能如常人一般。有一個人因為好奇，特地拜訪他，看他怎樣行動，怎樣吃東西。誰知那個英國人睿智的思想、動人的談吐，竟叫那個客人十分驚訝，甚至完全忘掉了他是個殘疾人了。

巴爾扎克曾說過：「挫折和不幸是人的進身之階。」悲慘的事情和痛苦的境況是一所培養成功者的學校，它可以使人神智清醒，遇事慎重，改變舉止輕浮、冒失逞能的惡習。上帝之所以將如此之多的苦難降臨到世上，就是想讓苦難成為智慧的訓練場、耐力的磨練所、桂冠的代價和榮耀的通道。

所以，苦難是人生的試金石。要想獲得成功，就要先懂得承受苦難。在承受得住無數的苦難相加的重量之後，才能承受成功的重量。

任何事情都是不斷努力的結果。當碰到困難時，不要把它想像成不可克服的缺點。因為，在這個世界上沒有任何困難是不可克服的，只要敢於扼住命運的咽喉。貝多芬二十八歲便失去了聽覺，但他為世界譜寫了宏偉壯麗的《第九交響曲》。湯瑪斯·愛迪生是聾子，他要聽到自己發明的留聲機唱片的聲音，只能靠用牙齒咬住留聲機盒子的邊緣，透過頭蓋骨骨頭受到震動，才得到聲響感覺。

只要敢於扼住命運的咽喉，人也可以戰勝失明。不屈不撓的美國科學家弗羅斯特教授奮鬥二十五年，用數學方法推算出太空群星以及銀河系的活動變化。他是個盲人，一點看不見他熱愛終生的天空。英國大詩人密爾頓最完美的傑作誕生於他雙目失明之後。撒母耳·約翰生的視力衰弱，但他頑強地編纂了全世界第一本偉大的《英語詞典》。達爾文被病魔纏身四十年，可是他從未間斷過從事改變了整個世界觀念的科學預想的探索。愛默生一身多病，但是他留下了美國文學第一流的詩文集。查理斯・狄更斯病不離休，卻正是他在小說中為世界創造了許多最健康的人物。米開朗琪羅腸功能紊亂，莫里艾有肺結核，易卜生有糖尿病……。

人生的苦難不會無緣無故，既然無處逃避，那就註定是「劫數」。如果上帝已經開始用苦難磨礪你，那麼，他的試驗已經開始，能否通過這次考驗，就看你是不是能扼住命運的咽喉，走出一條絢麗的人生之路了。

堅持就是勝利

成大事不在於力量的大小，而在於能堅持多久。有一句諺語：「九十九次失敗，到第一百次獲得成功，這就叫做堅持。」堅持在於不間斷的努力。

你也許對落下來的水滴不屑一顧，然而，當你看到它能把堅石滴穿時，你能無動於衷嗎？

你可能常常抱怨自己技不如人，但是有想過其中的原因嗎？靜下心，回顧一下自己學習和工作的歷程，是不是有這樣的缺點：沒有把某項事情完整的處理完，做事常常半途而廢。伏爾泰告訴我們說：「要在這個世界上獲得成功，就必須堅持到底；劍到死都不能離手。」因而，請記住：只有堅持才能獲得成功。其實有時候，你所從事的事業並不是十分困難，它需要的多半是你的恒心。

生活中，很多人工作起來貪多圖快，想一舉成功，這是一種可怕的暴發戶的心理。事實上，多數工作需要的是人的耐心，要一點一滴的去做，才能穩穩當當地獲得工作的成果。一般來說，達到一個終點總比停留在迷途中好，生活的行動往往不容許我們有半點遲疑。

有一次，有人問小提琴大師弗里茲．克萊斯勒：「你怎麼演奏得這麼棒？」他回答：「是練習的結果。如果我一個月沒有練習，觀眾能聽出差別；如果我一星期沒有練習，我的妻子能聽出差別；如果我一天沒有練習，我自己能聽出差別。」

堅持不懈便意味著有決心。當我們精疲力竭時，放棄看起來更好，但成功者卻忍耐住了。很多失敗者都有一個很好的開端，但卻沒有產生任何結果。堅持不懈來自於目的，一個沒有目的的人不可能堅持不懈，也將永遠不可能感到滿足。

一天，一個尚未出名的爬格子男人讀到了一部小說，聯想到了自己也寫了一部作品。他把原稿寄給了那部小說的出版商，他們又把原稿交給了某雜誌社的主編。

幾個星期後，他收到了一封熱情親切的回信，說原稿的瑕疵太多。不過這位主編相信，他有成為作家的希望，並鼓勵他再試試看。

在往後的十八個月裏，他給編輯部寄出兩份原稿，但都被退回了，他開始放棄了希望。

一天夜裏，他絕望地把原稿扔進垃圾桶。第二天，他妻子把它撿了回來。「你不應該半途而廢，」她鼓勵他，「特別在你快要成功的時候。」

於是他把第四部小說寫完了，並把它寄給了那位主編。這本書就是史蒡芬．金的經典恐怖小說《嘉莉》，它後來狂銷五百萬冊並拍成電影，成為一九九六年最賣座的電影之一。

堅持是解決一切困難的鑰匙，它可以使人抓住一切成功的機會；如果你現在還沒有發現機會，你不妨問一下自己我堅持了嗎？

後序

俗話說：「人非聖賢，孰能無過。」一般平凡的人，更是不可能沒有缺點，但是對「缺點」採取何種面對態度，卻是影響到人生成敗的關鍵。整體來說成功與失敗之間最大的差別就在於—是否能夠克服自身的缺陷，戰勝自己的缺點。千萬別讓缺點葬送了一生的成功與幸福。

詩人泰戈爾曾經說過：「當鳥翼繫上黃金時，就飛不遠了。」如果我們不能找出自身的缺點，並堅持不移地去克服它，戰勝它，那我們就只能碌碌無為，成為那隻飛不高的鳥了。

在人生的旅途中，有的缺點是與生俱來的，有的缺點是後天形成的。面對「缺點」，千萬要能誠實面對，客觀分析，理智對待。既不能漫不經心，也不必緊張兮兮。對於與生俱來的缺點，我們要設法改正，化缺點為優點。對於後天形成的缺點，則要引以為戒，避免重蹈覆轍。世上沒缺點的聖人少有，但是有缺點的人是真實的，有少許缺點的人是可愛的，能夠改正缺點的人是可敬的……

本書將人生所有看得到的缺點羅列出來，就如何客觀地認識缺點、虛心地改進缺點、有效地控制缺點，進行了深入探討。並指出，人生在世，缺點雖然難以逃避，但絕不可放縱，任由缺點由小養大，積少成多，最終變成了人格缺陷，最終造成一個失敗的人生。

此外本書更是以通俗的語法、深刻的道理、可親可感的故事、談心式的口吻，對人生中最常見的缺點，以及人們對缺點所採取的態度與措施進行了辯證的論述，使許許多多不易察覺的缺點都能一一呈現在面前，有則改之，無則加勉，使缺點轉化為優點，營造美好的人生！

國家圖書館出版品預行編目資料

負向激勵 / 劉開泰著. -- 初版. -- 臺北市 : 種籽文化,
2017.12
面 ; 公分
ISBN 978-986-94675-7-5(平裝)

1.成功法 2.激勵

177.2 106022497

Concept 111

負向激勵：把缺點變為人生的轉捩點

作者 / 劉開泰
發行人 / 鍾文宏
編輯 / 編輯部
美編 / 文荳設計
行政 / 陳金枝

出版者 / 種籽文化事業有限公司
出版登記 / 行政院新聞局局版北市業字第1449號
發行部 / 台北市虎林街46巷35號 1 樓
電話 / 02-27685812-3傳真 / 02-27685811
e-mail / seed3@ms47.hinet.net

印刷 / 久裕印刷事業股份有限公司
製版 / 全印排版科技股份有限公司
總經銷 / 知遠文化事業有限公司
住址 / 新北市深坑區北深路 3 段 155 巷 25 號 5 樓
電話 / 02-26648800 傳真 / 02-26640490
網址：http://www.booknews.com.tw(博訊書網)

出版日期 / 2017年12月 初版一刷
郵政劃撥 / 19221780戶名：種籽文化事業有限公司
◎劃撥金額900(含)元以上者，郵資免費。
◎劃撥金額900元以下者，若訂購一本請外加郵資60元；
劃撥二本以上，請外加80元

定價：230元

喬木書房

喬木書房